CFO魂の鍛え方

現代に生かす幸之助流「経理」

元松下電器産業副社長　川上 徹也 著

税務経理協会

CFOとして、そして人間としての川上徹也さん

伊藤邦雄（一橋大学CFO教育研究センター長）

著者の川上徹也さんが前著『女房役の心得』を出版したのが、2012年。2000年に松下電器産業（現パナソニックホールディングス）に中村邦夫社長が誕生したのと同時に、川上さんは財務経理担当の取締役（CFO：Chief Financial Officer）に任命された。同書は、その後の中村社長との二人三脚による松下改革を綴ったものである。

川上さんと私は、川上さんが松下電器産業の経理課長の時からのお付き合いということもあり、かつまた川上さんの人間性とプロフェッショナリズムに惚れていたこともあり、著書の帯に推薦文を寄せた。

同書は副題に『松下幸之助流お金の「教科書」』とあるように、教えを受けた松下幸之助から学んだ様々なレッスンをCFOの立場から現代流に説いたものである。その中心は、幸之助が「利益」よりも「現金」の重要性を強調しており、それは今日のキャッシュフロー経営の原点であり、その後の松下改革の重要な指標となったCCC（Cash Conversion

Cycle：キャッシュ化速度）につながったという指摘である。

「教科書」とはいうものの、実は同書はその定義からは外れている。なぜならそこにはCFOの心構えのみならず、川上さんの時々の心の動きと人生訓と経験の蒸留がしたためられているからである。時系列で当時の松下改革の流れがいわば縦糸のように描かれていると同時に、時々の川上さんの心情、苦しみ、教訓、CFO的本質思考が横糸で綴られている。

先に「二人三脚」と評したが、それは明らかにミスリーディングであるように思う。むしろ二人の関係はある時期まで壮絶なものであった。川上さん自身も「社長とCFOの関係は、最初は、凍るような関係、つまり氷河期であり、必要最小限しか対話できない」という状態だったことを吐露している。CFO就任直後に業績の上方修正、その後3か月後に下方修正と、社長の信頼を一気に失う。激しい嵐に見舞われた船出だった。その後、川上さんは精神的にも追い詰められた。同書では、その後の凄まじい経営立て直し、業績の回復等々の様が雄弁に描かれている。

同書が出版されて2年後、私が座長としてまとめた「伊藤レポート」が公表された。その内容を詳述することは避けるが、日本企業の資本収益性（ROE）の低さに落胆し、そして猛烈な危機感を持ち、コーポレートガバナンス改革や資本コストを意識して、ROE

8％以上の達成を訴えた。

同レポートは、また私のその後の人生に少なからぬ影響を与えた。同レポートでは、日本企業の低収益性が長らく続いており、その要因の一つとして、日本には真の意味でのCFOが少ないという指摘をした。ここで真の意味というのは、経理財務の本部長ではなく、CEOのパートナー（「女房役」）となりうるプロフェッショナルを含意している。その際、私の頭の中にあったのは、まさにCFOとしての川上さんである。中村さんとのスタートは大変な苦労をしたものの、その後、立派に松下の再生を果たした。

当時CFOの不足を嘆いたものの、それはやがてわが身に降り掛かってきた。企業にそして経営者に資本収益性を高めるよう唱えるだけでは「評論」にすぎない。私自身もアカデミズムに身を置く者の責任として、CFOの育成に乗り出すべきではないか。そう想いたち、その使命を実現するために、2015年に、一橋大学内にエグゼクティブコースとして「一橋大学CFO教育研究センター」を設立し、日本取引所グループと連携してHitotsubashi Financial Leadership Program（一橋財務リーダーシップ・プログラム：HFLP）を立ち上げた。わが国としては初めての本格的なエグゼクティブ・プログラムと自負している。当時、川上さんにも構想を相談し、背中を押され、同プログラムのアドバイザーにも就任していただき、かつ毎年、講師として登壇していただくことにした。

ＨＦＬＰはお陰様で現在、９年度目・９期を迎え、総勢１、２００名強の修了生を輩出している。彼ら彼女たちは、各社のＣＥＯやＣＦＯ、リーダーとして枢要なポストに就いている。これは決して誇張ではなく、根拠のない楽観でもなく、修了生と接して、私は日本の将来に確かな明るい展望を抱いている。この国は素晴らしい輝ける人材がいるのだ。

言うまでもなく、国の将来も、産業・企業の将来も「人」で決まる。日本企業の経営者は異口同音に「人は大事」だと言う。しかし、ポテンシャルを持った人財を早く見出し、ＯＪＴを超えたトレーニングの機会をどれだけ与えてきただろうか。「仕事は人を育てる」という美意識は私も好きではあるが、環境が非連続的に変化する時代には限界がある。ちなみに、こうした問題意識や思いも込めて、２０２０年に経済産業省から「人材版伊藤レポート」を公表した（２０２２年には、その続編として「人材版伊藤レポート２・０」を発表）。その影響もあってか、今や「人的資本」「人的資本経営」という言葉がいたるところで聞かれるようになった。

ＨＦＬＰでは、各年度、川上さんにはプログラムの最終ラウンドに登壇していただいている。受講生は７か月にわたるプログラムを経て、ほぼ仕上がったところで、川上節を聞いてもらうのである。川上さんの言葉は重い。静かな語り口であるが故に、より心に響く。一言一言の裏側には川上さんの壮絶な経験があり、受講生は想像力を働かせながら、当時の川上さんの心境に思いを馳せる。ある人はかつての自分の苦難と重ね合わせたり、またある人は今の仕事の苦難を突破する勇気をもらったりする。目に涙を浮かべずに、心のなかに感動の涙を溜めている。

彼らは、川上さんのＣＦＯとしての仕事に、そして人生に何を感ずるのだろうか。ＣＦＯはテクノクラートの側面もあることはある。「神は細部に宿る」。プロフェッショナルは細部についての知識・専門性を持っていなければならない。とはいえ、それだけで、偉大な功績を残せるかといえば、そうではなかろう。受講生は、川上さんの人生の軌跡に、その全人格的な仕事ぶり、そして「弱きを助ける」優しさをも内包した人間性と高潔さを見出すに違いない。それは川上さんがよく言う、“Clean hands, Cool head, but Warm heart”でもある。

川上さんの愛読書はサン・テグジュペリの『星の王子さま』である。それを象徴するかのように、川上さんが退職する際に、職場の皆さんが各国語に翻訳された同書を贈呈した。なぜ、それほどまでに川上さんは『星の王子さま』に共感するのか。私は久しぶりに『星の王子さま』を読み返してみた。すると、なぜ川上さんが同書を愛読するのか、ほのかにわかったような気がした。

はじめに～ＣＦＯ「第一世代」として伝えたいこと

Chief Financial Officer の頭文字をとったＣＦＯ（最高財務責任者）という言葉は、今では日本ですっかり浸透し、新聞や経済雑誌の記事などでも頻繁に登場するようになった。

思えば２０００年、私が当時の松下電器産業（現パナソニックホールディングス）の経理担当取締役（ＣＦＯ）になった前後から、ＣＦＯという言葉が徐々に広がり始めた。私が長く副理事長を務めていた日本ＣＦＯ協会が設立されたのも、２０００年10月である。そういう意味で、私は日本におけるＣＦＯの第一世代と言ってよいだろう。

ＣＦＯは、会社の資金をひたすら守る金庫番ではなく、企業価値を維持、向上させる役割が求められる。現代の経営において、その存在がますます重みを増しているように思われる。

グローバル競争は一段と激しくなり、ひとたび経営判断を間違うと企業があっという間に苦境に陥りかねない時代である。

そうした中で、企業価値を持続的に向上させるには、ＣＦＯが会計やファイナンスの専門知識を元に、業績や資金の見通しを冷静に分析し、経営の羅針盤として、経営戦略に深くかかわることが不可欠になっている。

お金の面から事業を分析し、企業価値の先行きを見定める。そんな広い意味でのCFO的思考を、ビジネスにかかわる多くの人にぜひ身につけていただきたい。そのためには、どうすればよいか。CFOの第一世代として、それを伝えたいと思って筆をとった。

1965年に電池事業本部の経理担当者として仕事を始め、それ以来、経理一筋の会社人生を過ごした。パナソニックでは、旧松下の時代から伝統的に「経理」は「経営管理」の略だと教えられ、会計処理業務などを担うだけでなく、経営に深くかかわる役目が求められた。

今も思い出すことがある。当時の電池事業本部では、月次の決算が終わると「決算検討会」が開かれていた。この検討会の場で、鈴木一さん（後に松下電器産業の専務取締役＝CFO）、竹中秀夫さん（後に松下電池工業副社長）ら経理の先輩方から徹底的に鍛えられた。

「分析に論理がない。歯抜けの説明だ」

「金額で物事をとらえていない。事業の共通の尺度は金額しかない」

「資金が減っている。番頭役の務めを果たせ」――。

各事業部の決算概況を報告する経理担当者に対して、厳しい指摘が飛ぶ。こんなやり取りが数時間にわたり続いた。

経理の能力や思考法、そして経理としての矜持は、この時期に築かれていったように思う。後にＣＦＯとして様々な課題に何とか対応できたのも、こうした「経理道場」ともいうべき場で鍛えられたおかげではないかという気がする。

本書においては、こうした若手時代、幹部時代の経験、そしてＣＦＯとして取り組んだ仕事、それを通じた学びと反省などを振り返りつつ、経理・財務のプロフェッショナルとして身につけるべき思考、知識、戦略について、私なりの考えを紹介したい。ＣＦＯについての書籍などなかった時代に、実践の中でＣＦＯの役割を模索してきた。決して学問的ではないが、私の実践経験を何らかの参考にしてもらえれば幸いである。最終章では、「激動の時代のＣＦＯ」というテーマで、これからのＣＦＯに求められること、現役世代の方へのメッセージを対話形式でまとめた。

本書を書こうと思い立ったきっかけは、実はもう一つある。

２０２３年3月17日、大阪・中之島のリーガロイヤルホテルで、松下電器産業の元社長・会長、中村邦夫さんのお別れの会が開かれた。その会場の祭壇に飾られた中村さんの顔写真を見ていると、様々な思いが込み上げてきた。

２０００年～２００６年の中村社長時代にＣＦＯを務めた。就任後ほどなく、あることがきっかけで社長との関係が悪化し、まともに口もきけなくなる氷河期が1年以上も続いた。創業以来の大赤字、その中で破壊と創造の改革を断行するという激動の時代。精神的に追い詰められ、ある日、辞表を握りしめて社長室をたずねたこともあった。

中村さんの会長時代も含めて２００７年まで私がＣＦＯを務めた７年間は、まさに嵐のような日々の連続だった。経理部門のトップであるとともに、時には構造改革の旗振り役も務め、同時に１９８０年～１９９０年代のバブルの後始末役も求められた。その中で、ＣＦＯはどうあるべきか、何をすべきかを自問自答し、身を削る思いで戦ってきた。

２０２２年11月、中村さんが亡くなったという知らせを受けた時、私の人生にとって、一つの時代が終わったように感じた。

会社を離れて15年以上の月日がたち、現在のパナソニックの経営について語る資格はない。企業経営のあり方や経理の考え方、ＣＦＯの役割などは時代に合わせ変化して当然だろう。

それでも中村さんという一時代をつくった経営者のご逝去に際し、彼と共に経営改革に奮闘してきた歴史を書き残しておきたい。そして挫折や失敗、苦労の連続だった私の経験を通じて、将来、ＣＦＯとして企業の経営を担いたいと考えている方、あるいは今、様々な壁にぶち当たっているビジネスパーソンの方々に何らかヒントを得てもらいたい。そんなな強い気持ちが本書を執筆する原動力になった。

私が近年、一橋大学のＣＦＯ教育研究センターで主に取り組んできたのが、役員になる一歩手前の幹部クラスのビジネスパーソンへの教育だった。経理・財務の仕事にかかわる方だけでなく、様々な業種、職種で働き、これから経営の中核として活躍する多くの方々に、本書を読んでもらえればと考えている。

なお、本書において筆者の現役時代のことについて述べる際には、原則として「松下電器産業」「松下」などと表記し、現在につながる話、現在の経営に関連して述べる場合は、適宜「パナソニックホールディングス」「パナソニック」などと表記することにする。

２０２４年３月

元松下電器産業（現パナソニックホールディングス）副社長

川上徹也

目　次

序章　今こそ求められる〝ＣＦＯ魂〟

この章では、私なりのＣＦＯ論、ＣＦＯのあるべき姿について述べている。

これらは、基本的に私自身の独自の経験に基づくものであり、一般的な経営論やファイナンス論とは少し違う面があるかもしれないが、私としては、現代の経営においても通用する部分が多いと考えている。

1 企業価値の羅針盤としてのCFO

松下電器産業（現パナソニックホールディングス）に入社して以来、ほぼ経理一筋の会社人生を過ごしてきた私は、2000年に思いがけずCFO（Chief Financial Officer：最高財務責任者）になった。当時すでに58歳で、経理部長をあと1年やって定年退職だろうと思っていた。それだけに同年の5月、森下洋一社長（当時）から経理担当取締役（CFO）の内示を受けた時には、大変驚いた。

すでに森下さんの後任として中村邦夫さんの社長就任が決まっていて、CEO（最高経営責任者）、CFOとも新たな顔ぶれでのスタートになる。12人の役員・監査役が退任し、経営体制が一気に若返る。どうやってCFOの重責を果たせばよいか。心の準備がなかなか追いつかないまま、重圧に押しつぶされそうな気持ちだった。

就任して半年ほどは順調だった。ところが、その後、IT（情報技術）バブルが崩壊し、月次で13カ月連続の赤字という事態に陥る。業績の低迷が続く中で、中村社長との関係が悪化し、精神的に追い詰められたこともあった。大規模な雇用構造改革に伴う割増退職金の支払いも加わって資金が底をつきかけ、「このままでは会社がつぶれてしまうかもしれない」という恐怖も味わった。

そうした中で、CFOはどうあるべきか、何をすべきなのかを模索し、その役割を果たそうと必死に努めてきた。2007年6月に退任するまで試行錯誤の連続であり、十分に役割を果たせたかどうかは分からないが、その間、あるべきCFO像を私なりに描いてきた。

あらためてCFOとは何だろうか。様々な定義があり、会社によっても、時代によっても、立場や役割はそれぞれ違うだろう。少なくとも経理部長の拡大版がCFOである、という発想では務まらない。この章で、私の考えをまとめておきたい。

早くから「CFO」の役割に注目した幸之助
初代に高橋荒太郎氏を登用

CFOは、単に経理事務や財務の責任者にとどまらない。決算処理を滞りなく進め、資金に責任を持つことは当然だが、役割はそれだけではない。経理・財務のプロフェッショナルとしての立場から、時には改革の旗を振り、経営の意思決定にかかわりながら、持続的な企業価値の向上につなげる。そのために番頭、プロデューサー、リーダー、外部との媒介役といった複数の立場を担う必要がある。

パナソニックは、伝統的に「経理」を大事にしてきた会社である。松下幸之助創業者を支えた大番頭の高橋荒太郎さん（元会長）が初代のCFOだった。もちろん当時はCFOという言葉はなく、あくまで経理の責任者という立場だったが、振り返って考えると、幸之助さんは高橋さんに今でいうCFO的な役割を求めていたように思う。

松下電器産業元会長の高橋荒太郎氏は
初代の「CFO」を務めた。
（パナソニックホールディングス提供）

樋野正二著『「松下経理大学」の本　不況になぜ強いか』（実業之日本社、1982年）に、幸之助さんの「序文」が掲載されている。そこには、高橋さんが経理責任者になった経緯について記述した、次のようなくだりがある。

昭和十年に、松下電器は株式会社になったが、私は、創業間もない頃から、店の会計はいわゆる家計とは全く別にして月々決算を行ない、その結果を毎月社員（といっても当初は数名の店員に過ぎなかったが）に報告するようにしていた。いわゆるガラス張り経営を実践していたわけである。が、株式会社になったのを機会に、経理の制度についてもそれにふさわしいものに充実強化していくことを考えた。

そこで、ちょうどその頃、朝日乾電池という会社と合併したことが縁で松下電器に入っていた高橋荒太郎さんに、経理の責任者になってもらい、樋野君には高橋さんのもとで、株式会社としての松下電器にふさわしい近代的な経理制度の確立に取り組んでもらうことになった。

その時に私は、〝経理というものは単に会社の会計係ではなく、企業経営全体の羅針盤の役割を果たす、いわゆる経営管理、経営経理でなければならない〟という日頃の考えを述べて、その経営管理ができる経理制度を確立してほしいと、二人に要望したのである。

ここで幸之助さんが述べている「企業経営全体の羅針盤」は、まさにＣＦＯとは何かという問いに対する一つの答えと言えるだろう。

それにしても、現在のようなファイナンス理論もガバナンスの考え方もなかった昭和初期の時代に、経理を「経営管理」と位置づけて、その制度の充実、強化を経営の課題ととらえていた幸之助さんは、やはり物事の本質を見抜く稀有な経営者だったように思う。

高橋さんが独自の経理制度をつくり上げた人であるとすれば、後任の２代目ＣＦＯである樋野さんは、経理制度をさらに磨き、その真髄や伝統を幅広く世に知らしめた人である。樋野さんは同じ本で、次のように書いている。

松下電器の経理は、経営に参加するという重大な職責を持っている。経理という職能に依って、自ら経営を行っているといっていい。これを〝経営経理〟という。経営経理、つまり経営に役立つ経理、経営組織の中で神経系統としての役割を果たすというわけである。

「経営経理」というのは、一般にはなじみのない言葉かもしれないが、経営組織の中に深く組み込まれた経理という意味で、社内では昔から使われてきた。単なる数字の管理ではない、経営に参加する経理、経営に役立つ経理が求められてきたのである。

　現在の企業経営において経営経理、そしてそれを束ねるＣＦＯの役割は、ますます重要になっているのではないだろうか。経営のグローバル化が進み、為替対応や税務戦略、資金調達などは一段と複雑になっている。加えて、Ｍ＆Ａ（企業の合併・買収）、事業の売却などの戦略が日常化し、企業価値を持続的に高める上で、会計・ファイナンスの知識を持った専門家集団の存在が重みを増している。

　経営トップのようには目立たないが、経営戦略を陰で支えるいぶし銀のような存在、それがＣＦＯである。高度な専門性を身につけ、資本市場とも向き合いつつ、日頃からお金を通じて事業、経営を見る大局観をＣＦＯは磨いておかなければならない。時には、体を張ってトップに進言する心構えも必要だ。

　こうした仕事に覚悟と矜持を持って取り組む。それを私は、「ＣＦＯ魂」と呼びたいと思う。

2 CFOには四つの側面がある

ＣＦＯには大きく分けて四つの側面がある、と私は考えている。

一つ目は、トップを支える参謀、番頭役としての側面である。

業績やキャッシュフローの見通しを踏まえ、トップである最高経営責任者（ＣＥＯ）に助言し、進言し、時には苦言を呈する。そして、トップの志や戦略の方向性を具体的な施策や数字に落とし込んでいく。

二つ目は、株主や投資家など外部のステークホルダーと会社を結ぶ媒介、結節点としての側面である。

企業、とりわけ上場企業には、的確にディスクロージャー（情報開示）をする義務がある。その役割をＣＦＯが責任を持って着実に果たしていくことが求められる。また、外部からのメッセージを受け止め、それをトップに伝え、経営改革に反映していくのも重要な仕事であろう。

三つ目は、対従業員である。

トップの意思を正しく分かりやすい形で従業員全員に伝え、浸透させていく。従業員を動かし、経営戦略を実行に移すための仕掛けづくりを考えることもCFOの役割の一つだと私は考えている。

四つ目は、対経理部門である。

この章で後ほど詳しく説明するが、パナソニックには旧松下の時代から、経理担当者が現場に配置されてお目付け役を担う独自の「経理社員制度」がある。私自身も入社以来、経理社員として会社生活の大半を過ごした。経営に役立つ経理という機能を高い水準で保つ責任は、経理部門のリーダーであるCFOにある。

私の経験を振り返りながら、CFOの四つの側面を一つ一つ見ていきたい。

(1) 対トップ　参謀・番頭役としてのCFO

——客観的な見通しに基づきトップに進言、時には苦言

株主総会の承認を経て2000年6月、中村さんが社長、私がCFOに就任した。中村さんの年齢は私より二つ上、強い個性、存在感のあるトップだった。社長になったとたんに禁酒禁煙を断行し、宴会にもいっさい出席しなかった。毎日定時で退職し、自宅で本を

海外ＩＲで説明する中村社長（当時、左から二番目）と筆者（一番右）
（パナソニックホールディングス提供）

読み、思索の時間にあてたという。

経営判断で悩んだり迷ったりすることがあっても、一度決めると決してぶれない。大胆な変革が求められた時代に、これほどふさわしい経営トップはいなかったように思う。それだけに気難しい面もあり、手強い上司でもあった。

ＣＦＯになってほどなく、その中村さんとの関係が悪化する。きっかけになったのが、２０００年度の業績予想を巡って私が下した判断だった。

その年の業績は当初、予想を上回るペースで順調に推移していた。２０００年10月末に上半期（２０００年４〜９月期）の決算を発表した際、ＣＦＯの私が提案し、通期（２００１年３月期）の業績見通しを上方修正した。当時、役員になって1年目とあって、私自身も意気込んでいた。中村新社長を男にしたいという気持ちもあったように思う。

ところが、その直後に事態が急変した。ITバブルの崩壊である。それからの業績の悪化は目を被うばかりだった。携帯電話やパソコンを中心に製品の売り上げが激減し、翌2001年の2月に慌てて通期の業績予想を下方修正するはめになった。

上方修正してわずか3カ月後に下方修正するというのは、本来あってはならないことである。業績の見通しに責任を持つ立場のCFOとしては間違いなく失態だった。ITバブルの崩壊という世界的な需要の激変があったとはいえ、そうしたリスクも想定した上で慎重に判断するべきであった。

経営トップの期待を裏切り、会社をミスリードしたばかりでなく、市場や社会に間違ったメッセージを送ってしまった。無念の思いは、退任するまで消えなかった。

信用を得るのは長い年月を要するが、失うのは一瞬である。13カ月連続で月次決算が赤字になる中で、中村さんとの関係悪化が決定的になっていく。本来は連携すべき社長とCFOが、まともな会話すらできなくなった。

社長が出席する毎月定例の経営検討会議では、全員が何も発言しないまま、沈黙の状態が15分間も続いた。人間は1分間でも沈黙が続くと、嫌な気持ちになる。それが15分間となると、自分の心臓の音が聞こえてくるような緊張感と息苦しさを味わった。そうした状況で、私自身の心の中でも、中村さんに対する感情的なわだかまりが募っていった。

その頃、決算発表の記者会見に人事・企画担当の村山敦副社長が出席した時期があった。決算会見は、それまで常にCFOの役割だったのに、梯子を外された気持ちになった。経理のOBからは、「いつから人事が決算発表をやるようになったんだ」「なんで経理担当がやらないのか」「経理はついに地に落ちたか」といった厳しい声が聞こえてきた。

創業以来の大赤字が確実な状況になり、自分なりに責任をとろうと考え、社長室を訪ねて辞表を提出しようとした。さすがに中村さんも慌てたのだろう。「(まだ期の途中で)赤字と決まったわけではない」と大声で一喝し、辞表をその場で破り、私に投げつけた。

反省しながら今考えると、経営トップの志を当時の私は十分に分かっていなかったのだと思う。トップは孤独な存在であり、常に経営の戦略を考え、最終判断を迫られる。判断の責任は、すべてトップにのしかかる。社長に就任した早々に業績が悪化し、中村さんも悩んでいたはずである。それを理解して、参謀、番頭役に徹するべきであったのに、その心構えが十分にできていなかった。

業績のV字回復とともに、冷え込んでいた関係も雪解けに向かい、再び信頼関係を築いていった。2002年度の第1四半期(4~6月)で決算が黒字化したあと、中村さんから携帯メールでメッセージが届いた。

「川上さんには苦労をかけた。市場にサプライズなんて与えなくてよい。着実に数字を上げていこう」

その文章を読んだ時、素直に感動し、過去のわだかまりも消えて、報われた思いがした。

1年半に及ぶ氷河期時代は精神的にこたえたが、今思うとCFOはどうあるべきか、経営トップの参謀、番頭役をどう務めるべきかについて考える非常にいい機会になったように思う。

幸之助の「弱さ」支えたむめの夫人 参謀・番頭役として時には苦言も

創業者の幸之助さんにも常に参謀、番頭役がいた。「かまどの灰まで私のもの」と言い切るほどの強烈な思いで経営にあたった幸之助さんだが、その半面、若い頃は意外に弱々しい面もあったと言われる。創業期の幸之助さんを支えたのが、妻であるむめの夫人のプラス思考と常に泰然とした態度だった。むめのさんは従業員を家族同様に処し、一人ひとりの個性を把握して適材適所の人事を提言した。そして、時には幸之助さんに苦言を呈した。こうした役割を果せたのは、むめのさんが幸之助さんの志を心から理解していたからだろう。

多くのステークホルダーがいる株式会社になってからは、CFOの高橋さんが参謀、番頭役を務めた。経営理念を礎にして、経営の羅針盤としての経理の立場から、幸之助さんを補佐した。

私が仕えた中村邦夫さんという人は、本人も自ら言っていたように「無口、気弱、内向的、引っ込み思案、取り越し苦労」の人である。強面ではあるが、強気一辺倒の人では決してなかった。誰も何も言わない、言えなくなるという状況で孤独感を深めていたはずである。そんな時こそ、常にそばにいて心に寄り添う参謀役が必要である。

誰が参謀役を務めるかは様々なケースがあるが、米国ではCFOであることが多いようだ。お金の面から大局的に状況を把握し、客観的な見通しに基づいてトップに提言する。企業統治を強化する上でも、日本企業も参謀、番頭役としてのCFOの役割を確立する必要がある。

企業価値の向上、財務体質の維持・改善においては、CFOが体をはって守らなければならない場面もある。そこでへなへなと崩れてしまっては、ガバナンスが機能しなくなる。

基本的にはトップスタッフという立場に立ってともに歩むことが大事だが、時にはCEOがアクセルを踏む一方で、CFOが急ブレーキをかけなければならない時があるだろう。

逆にキャッシュの客観的な見通しを踏まえて、攻めの経営をトップに促すようなケースもあるかもしれない。それぞれ難しい判断になる。重要なのは、トップの志に寄り添いつつ、決してひるまないことである。

戦国武将たちの逸話をまとめた『名将言行録』には、徳川家康の次のような言葉が紹介されている。

「主人の悪事を見て諫言をする家老は、戦場で一番槍を突くよりもはるかに優れた心根を持っている」

主人に堂々と物申す胆力の備わった諫言大夫という存在を、家康は重視したのである。CFOも必要があれば、敢然とトップに意見をすることが求められる。

(2) 対株主・投資家等 社外との媒介役
——的確に情報開示、市場の見方を経営に生かす

社会の公器である会社は、様々なステークホルダーに対し、必要な情報を速やかに開示する姿勢が求められる。的確で迅速な情報開示(ディスクロージャー)は、市場や社会からの信頼を高め、ガバナンスの強化にもつながっていく。都合が悪い情報を隠そうとしたり、先送りしたりすると、そのつけがいつか必ず回ってくる。

情報開示の判断を迫られる場面には、何度となく直面する。CFOがことに及んで「腹をくくる」ことが大切である。

ある事柄について妥当かどうかの判断を求められた時、私は日頃から「株主の視点」に立って考える癖をつけるようにしていた。それによって社内の議論にも第三者的な判断基準が入り、企業価値を毀損しない経営判断ができるのではないかと考えた。

自分の言いたいことを社内の会議などで通すために、「ある証券会社のアナリストがこう言っています」「多くの投資家はこんな意見です」と代弁するやり方で訴えたこともあった。

CFOは日々、IR（Investor Relations：投資家向け広報）の活動を通じて、株主や投資家と向き合い、決算の記者会見の場でメディアとも接する。資本市場、そして社会と会社をつなぐ媒介役として、その役割は近年、一段と重要になっている。

これも反省になるのだが、CFOになったばかりの私は、IRの役割が十分に分かっていなかったように思う。経理部長までの経験、知識では全く対応できなかったのがIRである。海外でのIR説明会の場では、著名アナリストから「中途半端だ」と罵倒されたり、投資家から「株をすべて売却する」と言い放たれたりした。

海外、特に欧米ではリスクマネーの出し手が日本と比べて非常に多様で、様々な投資家がいる。ＩＲ説明会では全く想定していなかった質問を受ける場合もあった。そして当時、共通していたのが、低い利益率と重たいバランスシートへの冷ややかな反応だった。

資本市場は常に先を見る。すでに終わった決算の数字を誇ったり、くどくどと説明したりしても、投資家には響かない。具体的な構造改革のプラン、将来に向けた成長シナリオ、バランスシートのあるべき姿など、これから先の戦略をわかりやすく示していくことが肝要である。そして、どんなに厳しいものであれ、社外の意見にきちんと耳を傾け、それを必要なら経営戦略に生かしていくことである。

ＩＲに臨む際には、やはり専門的な知識がいる。日本企業の場合、それまでの実務による経験だけではなかなか難しいのが実情ではないか。私の場合、ＣＦＯになった時に外部のシンクタンクにお願いして、専門家から特別に訓練を受けた。バランスシートのとらえ方、資本市場についての考え方、ＩＲへの取り組み方などについて徹底的に教わった。現在では大学院に社会人向けのＣＦＯ養成コースができ、市販の教材も豊富にそろっている。私が副理事長を務めていた日本ＣＦＯ協会では、現役のＣＦＯや研究者らを招いたセミナーなどを定期的に実施している。最先端の教育を受ける機会は数多くある。早い段階でそうした場で自ら学ぶのもいいだろう。

資本市場との対話、ＩＲのあり方については、第4章であらためて詳述することにする。

(3) 対従業員
――戦略の仕掛けづくり、プロデューサーの役割

企業が成長戦略や構造改革を進めるためには、経営トップの思いが従業員に正しく伝わることが欠かせない。従業員にどう動いてもらうかを考え、そのための「仕掛けづくり」をする。それもCFOの一つの任務である、と私は考えている。すべての企業活動には人と物に加えて数字、お金がついてまわる。そう考えると、改革の旗振り役、プロデューサーとしてCFOの役割は重要だ。

時にはトップから現場が戸惑うようなアクセントの強い戦略が示されることもあるかもしれない。カリスマと言われるような迫力のある経営者ほど、その傾向が強いようだ。それをいったん受け止め、できるだけ数字で「見える化」し、具体的な施策、目標として示す必要がある。

例えば、当時の中村社長が主導した施策に「コスト・バスターズ」というものがあった。私はその責任者だったのだが、この時の取り組みは典型的な仕掛けづくりの例だったように思う。

赤字の真っただ中に、中村さんから「一般経費を削減せよ」との指令が下りてきた。「ありとあらゆる経費を抜本的に見直せ」というのである。成果目標は2年間で1、000

億円である。若手を含めて様々な部署から選んだ16名を本社に集め、「コスト・バスターズ」というチームができた。映画「ゴースト・バスターズ」をもじった命名で、社内のムダなコストを見つけて退治するという意味が込められていた。

全従業員を巻き込んで経費の削減を進めるには、どうすればよいか。社内にチームはできたものの、最初の頃は何から手をつけてよいか分からない。ふと思い出したのが、1980年代半ばに円が急騰した際の施策だった。

私は、1986年に本社経理部の勤務になってほどなく、当時急速に進んでいた円高への対応を命じられ、Ⓜ（マルエム）運動（第2章で説明）と名づけた経費削減策を推進した。事業部制の弊害の一つは、すべてが組織内で自己完結しており、他との情報交換がなかなかできないことである。資材にしろ、備品にしろ、仕入れ先はバラバラで、そして自分のところが一番安いと思い込んでいる。備品の単価を調べて、横ぐしで比較し、必要に応じて共同購買をすると大きな効果が出た。

Ⓜ運動の教訓をもとに、社長主導の「コスト・バスターズ」では、あらためて身近なところから備品の単価比較をし、より組織的に全社的に取り組みを広げていった。若い人のアイデアとエネルギー、そしてIT技術によって、「コスト退治」はみるみるうちに進んだ。その結果、最初は無理だと思っていた目標をほぼクリアできたのには驚いた。

合言葉は、「自分化――自分のお金だったらと常に考える」「見える化――あらゆるコストを見える化しムダを退治する」「すぐやる化――自ら率先垂範」の三つである。ベストプラクティスの事例を見つけると、それを発表してもらい、横展開していった。どうすれば幅広く従業員を巻き込めるか。その仕組みづくりに知恵を使った。

改革に向けた仕組みを構築し、広く深く浸透させていけば、ノウハウも蓄積され、体系化される。やがて会社のDNAになっていく。コスト・バスターズの取り組みは期間限定ではなく、その後も長く続いた。

私がCFOを務めた2000年代前半は、社内の様々な構造改革に加えて、減損会計、税効果会計など新たな会計基準の導入や、内部統制（米企業改革法＝SOX法）への対応も求められ、会社全体で取り組むべき課題が多くあった。

トップを説得し、そして従業員を動かすには、何より自分自身が深く理解し、納得し、腹に落とし込むことだ。自分自身が「進めよう」と決意できていなければ、他の人には動いてもらえない。その上で借り物ではない自分の言葉で訴える。批判も多かったSOX法対応では、あえて「リスクから会社を守るのはCFOだ」という気概を持って取り組んだ。ここでもCFOが腹をくくることが大切になってくる。

(4) 対経理部門

――「経営経理」のためにリーダーシップを発揮

パナソニックには、旧松下の時代から伝統的に独自の「経理社員制度」がある。経理社員は海外も含めて各現場に配置され、経理・財務の専門性を生かしながら、経営のお目付役として事業をチェック、サポートする。私自身も入社以来、経理社員として会社生活の大半を過ごした。本社のCFOは、その経理社員を統括する役割を担っている。

現代の経営においては、会計やファイナンスの知識を持つ専門家集団の活躍が欠かせない。その機能を最大限に生かすようにリーダーシップを発揮する。それもCFOの役割である。

独自の経理社員制度のおかげで、一つの方針をグローバルに末端まで速やかに浸透させていくことができた。神経細胞としての経理社員はとても大きな存在で、本社と現場が呼吸を合わせて同じ方向に進むことができるのも、その働きによる面が大きい。

私は、2000年にCFOに就任してから、当時2,000人ほどいた経理社員全員に対して、その時々のテーマを盛り込んだメッセージを1カ月に1度以上、送るようにしていた。厳しい冬を乗り越えてこそ穏やかな春がやって来る、との思いを込めて後に「春を待つ」というタイトルをつけた。決算発表が終わった後や海外IRから帰った後、年度の初めなどの節目、重要な方針が発表された時など、経理として心得ておくべきこと、取り組むべきことについて、私自身の言葉で伝えるようにした。

例えば、2000年7月4日には「取締役就任にあたって」と題して、次のようなメッセージを送っている。

「私は、腹を据えて、中村新体制を必死でサポートしていくことを心に誓いました。変化に対応し、スピードを上げていかねばならない。山ほど社長から球が飛んでくると覚悟しています。今までの仕事のスタイルを変えていきます」

そして部長への権限の移管など、スピード経営に対応した組織の見直しを進めていくと表明し、「上司に報告すれば終わりという仕事のやり方は変えていただきたい」と訴えた。

同年10月2日付の「春を待つ」には、本社の経理責任者会議での中村さんの話などを紹介しながら、次のように書きつづっている。

「従来、経理は『利益』と『資金』を守るチームでありました。その役割を果たしながらも、経理の仕事が、各部門での業務プロセスの後追いとなる傾向が顕著でありました。今、経理自身の仕事を変える時が来ました。各人のアンテナを高くして、テーマやプロジェクトに入り込み、経理が『先手を打てる』プラン作りと実践が求められています」

現状に安住せず、変化に力強く対応していこう、というメッセージである。実際、当時の中村社長が求める改革案には経理に関連することが多く、経理社員こそ変化を求められていた。

トップが何を考え、会社がどういう方向に進もうとしているのか。その中で経理に求められているものは何か。これらを経理社員たち全員が共有できるように心がけた。

2007年6月にCFOを退任するまで、手元に残っているものだけで計84本のメッセージを送った。A4サイズで印刷すると119ページに及ぶ。退任時、冊子の形にまとめ、現役の社員やOB・OG、そしてお世話になった方々に配布した。

読み返してみると、当時の様々な出来事が蘇ってくる。やはり赤字に陥り、経営が厳しい頃には、現場へのメッセージも滞りがちになった。2001年11月7日に「松下経理の皆さんへ」と題して、創業以来の大赤字について伝えた後、翌02年の4月まで配信がぷっつり絶えている。私自身が精神的に追い込まれていて、文章を書く余裕がなくなっていたのだろう。振り返っての反省になるが、経理部門のリーダーとして、厳しい時にこそ、現場が動揺しないようにメッセージをきちんと発信し続けるべきであったかもしれない。

現場の経理社員とは、折に触れて一対一のコミュニケーションをとるようにも心がけた。特に海外に派遣されている経理社員と、経理会議やIRなどで海外を訪れた際に、時間をかけてじっくりと話をした。

現場にいなければわからないことも多い。本社からの通達が日本語で送られてくると、それを現地の言葉に翻訳する時間が必要になる。そんな訴えを聞いて、通達はすべて英語で送るように変更した。

２０００年代の前半、サムスンやＬＧなど韓国勢がアジア市場を席捲しつつあることなど、現場で肌身に感じている情勢を海外にいる経理社員から聞き、それを本社の役員、幹部らで共有するようにしたこともあった。

対経理という四つ目の側面において、特に重要だと思うのは人材の育成、教育である。これに尽きる、と言ってもよいかもしれない。どれほど優れたＣＦＯであっても、一人でできることは知れている。皆の力を結集しなければ、実際には何もできない。後継者を含めたプロの人材を体系的に育てることは、ＣＦＯの重要な務めであろう。

「経理の乱れは経営の乱れ」

我々は若い頃からそう教えられてきた。経理部門が経済合理性を追求していける高いレベルを保つためにどうすればよいか。ＣＦＯは常に意識しておくべきであろう。

【二君に仕える経理社員～「FP&A」を先取り】

他社にはあまり例がない経理社員制度について、あらためて説明しておきたい。経理に対する考え方は、初代CFOである高橋荒太郎さんが1936年につくった「経理事務処理準則」、1951年の「経理規程」に示されており、長く伝統として根づいてきた。

高橋さんは、著書『語り継ぐ松下経営』（PHP研究所、1983年）の中で、経理社員について次のように説明している。

経理社員とは経理を専門に担当する社員のことだが、一般の企業のように総務など間接部門の一部として経理部が存在するのとは少し違うのだ。この経理組織を統一する仕事と同時に、もう一つ取組んできた仕事は、経理社員の本社直轄制度を確立することだった。これはどういうことかというと、各分社の経営を預かる専務といえども、その経理社員に関しては本社の承認なくして勝手に異動させてはならないというもので、経理社員は組織上は各所の専務の下に所属するが、その身分は本社が保証するという制度である。

経理社員制度の本質は、まさにここにある。つまり、「二君に仕える」のである。現場の上長に仕えて日々の業務をやるという面と、本社のCFO、現場の経理担当責任者のもとで経営経理としての役割を果すという二つの面があるわけだ。

高橋さんは、同じ本で続けてこう述べている。

もちろん経理社員は、各専務の指揮に従って日常勤務をしなければならないが、もし仮に専務が経理準則に反するような要求をした場合、はっきりと『それはできません』と断ることができなければならない。そのためには、経理社員の身分を本社が保証する形にしておかないと、専務に直言するというわけにはいかなくなってしまう（中略）その代わり、私は経理社員に対して厳しい教育を行ってきたし、今でも経理は単なる数字を集める仕事であってはならない、とやかましく言い続けている。

経理社員が正論を貫こうとして事業部の上長から「お前はけしからん。異動だ」と言われるようでは、お目付役としての機能は果たせない。そのため経理社員の人事権は各事業部でも人事部でもなく、本社のＣＦＯが持つようにしたのである。

最近、日本企業の間では、会計や財務の知識を持った人が経営戦略にもかかわる「ＦＰ＆Ａ」を導入する動きが広がっているという。Financial Planning & Analysis の頭文字をとった略語で、欧米の企業では幅広く浸透している。

ＦＰ＆Ａは予算の管理や決算の作業だけでなく、ＣＦＯの傘下で業績目標の達成に向けた計画の策定、分析などを通じて、企業価値の向上に貢献する。会計やファイナンスの知識がある社員が、経営戦略に深くかかわり、企業の稼ぐ力を高めることが期待されている。

パナソニックの経理社員制度も、このＦＰ＆Ａと似た性格がある。その仕組みが遠く昭和時代の前半から定着し、機能してきたわけで、ある意味では時代を先取りしてきたともいえるだろう。

この経理社員制度が、経営の実践の場でどれだけ有効に機能してきたか。それを数えていくと枚挙にいとまがない。日常の経済活動においては様々な葛藤が発生するが、経理社員同士は常に定量的な数字に基づいて真実の姿を正しく把握するように努めてきた。CFOがその働きを存分にできたのも、この制度のおかげだったといえよう。

本社の求心力という面でも、経理社員制度は大きな役割を担う。かつて創業者が絶対的な求心力だったが、創業者なき後の求心力は経営理念であり、人事権や監査権などを持つ職能本部としての本社だった。グローバルに派遣された経理社員を通じて本社の意向を現場に浸透させ、また現場の事情や意見を吸い上げる。本社と現場が互いに意思疎通をするための媒介の役割を経理社員は果しているのである。

3　チーフ・「フォーカス」・オフィサー

以上の四つの側面に加えて、ＣＦＯにはもう一つ重要な役割がある。ＣＦＯはChief Financial Officer の頭文字をとったもので、日本語では「最高財務責任者」と訳すが、同時にChief Focus Officer の略でもあると、私は言い続けてきた。

フォーカス、つまり様々な課題の中で優先順位をつけ、やるべきことに焦点を当てるわけである。

広がるＣＦＯの役割
優先順位を的確に判断

経営課題は常に山積みしており、社内外から様々な声が聞こえてくる。すべてに同時に応じることは到底、不可能である。何もかもやろうとすると、アクセントの効かない仕事になり、中途半端に終わってしまう。

私の経験を振り返っても、問題が立て込んで、何から手をつけてよいか分からないという局面がたびたびあった。業績の悪化、資金不足への対応、経費の削減、資産の圧縮、そして様々な構造改革――。直面している経営課題にどう優先順位をつけて取り組むか。日頃からそれを想定し、自分なりのプランを引き出しに入れておくことが肝心である。刻々と変化する状勢に応じて、順位づけを変えていく。それを社内にオープンにした上で、人材もシフトしていく必要がある。

CFOの役割、カバレッジの範囲は、年々拡大している。私がCFOに就任した2000年前後には、会計制度が大きく変わり、コーポレート・ガバナンスの面での対応も求められるようになった。年金の積み立て不足の解消、米企業改革法（SOX法）に基づく内部統制の強化など、これまでになかった取り組みも多かった。

最近では、気候変動対策や人的資本経営に関する情報の開示なども求められる。ESG（環境・社会・企業統治）やサステナビリティも、資本市場の大きなテーマである。多くの投資家は、決算数字などの財務情報より、むしろ非財務情報を重視する傾向にあるとも言われ、CFOはこれまで以上に力を入れて取り組む必要がある。

KPMGジャパンが2019年から実施している「CFOサーベイ」2023年版の調

査結果を見ると、日本企業においてＣＦＯの仕事の範囲が一段と広がっていることがよく分かる。

上場企業のＣＦＯまたは財務経理部門責任者を対象に、ＣＦＯの管掌業務範囲について複数回答可でたずねた質問で、財務戦略（99％）、予算管理（81％）、ＩＲ（78％）、投融資判断（74％）に加え、コーポレート戦略（56％）、リスクマネジメント（52％）、内部統制・内部監査（51％）などの回答が上位に入った。２０１９年の調査時点においては、コーポレート戦略が40％、リスクマネジメントは28％、内部統制・内部監査は27％にとどまり、いずれも50％を大きく下回っていた。

経理・財務の伝統的な業務に加えて、経営戦略やリスク管理、内部統制などにもＣＦＯの管掌範囲が広がっている。ＣＦＯがどこに重点を置いて業務に取り組むか、フォーカスが一段と求められる。

フォーカスは、経営課題の優先順位だけでなく、いろいろな場面で必要になる。ＩＲにおいても、数多い情報の中からどこに重点を置いて投資家に伝えるか、フォーカスが大切だろう。海外を含めて株主が多様化し、対投資家で神経を使う場面が増えている。資本市場は何を求めているかを的確に判断し、優先順位をつけて発信することが欠かせない。

弱い立場の人にもフォーカス
自らの挫折経験から学ぶ

ＣＦＯの業務に関連してもう一つ、指摘しておきたい。ＣＦＯを務めながら、自分自身の信念として心がけてきたのは弱きを助けること、社内の弱い立場の人たちにフォーカスするということである。

例えば、こんなことがあった。

事業部の責任者が経営トップに業績を報告する際、要領のいい人と悪い人がいる。業績は好調な時ばかりではない。要領のいい人は、足元の業績が悪くても堂々と報告し、その中のいい部分を強調して、今後に向けた明るい展望を語る。ところが、要領の悪い人は、報告が自信なさげで、言い訳じみた内容になってしまいがちである。

足元の数字が上げられていないのに、前向きな将来の事業戦略を話すことなどできない、と考えるのだろう。業績計画を達成できなかった理由、背景をくどくどと説明する人もいる。業務にまじめに取り組んでいる人ほど、こうした傾向があるように思う。

私がＣＦＯを務めていた頃、海外のＡ地区の責任者はまさにそういうタイプだった。業績が芳しくなかったある月の報告では、「事業計画を達成できずに申し訳ありません」という謝罪の言葉から始まり、未達になった理由があれこれ詳細に書かれていた。丁寧に分析していて時間をかけて報告書を作成したのがうかがえた。しかし、そんな言い訳じみた報告が続くと、トップの印象が悪くなり、「A地区の責任者を交代させてはどうか」という声も上がり始める。そうなると、ますます委縮し、さらに評価が下がるという悪循環に陥ってしまう。

対照的に、別の海外のB地区の責任者からは、「ご心配のテレビとカメラの売り上げは計画を20％上回り順調でした」といった気の利いた威勢のいい報告が上がってきた。しかも、スピード重視でまず概要を報告し、それから詳細な内容を送ってくるという段取りのよさである。よく見ると損益はよくないのだが、それでも堂々としているので、「彼なら何とかするだろう」と信用してしまいがちだ。

私は、要領の悪いA地区の責任者が、まじめで日頃から真摯に仕事に取り組んでいることをよくわかっていた。報告の仕方が下手なことも知っていた。このままではよくないと考え、まずA地区とB地区の業績を四半期ベースで商品別に集計し、じっくり比較してみた。

テレビとカメラは確かにB地区のほうが伸びているが、その他の製品が悪く、全体ではA地区と大きな差はなかった。そして、収益ではA地区のほうがはるかに上回っていた。こうした内容をまとめて、中村さんに伝えた。

同時に決算発表の席で、「A地区が健闘している」とあえて紹介し、それが新聞にも掲載された。A地区の業績はその後、順調に伸びていき、年間では当初の計画を達成して、責任者の交代という話も自然と消えていった。

要領が悪い人もトップへの報告の仕方を工夫するなどの努力がもちろん大事である。だが、要領のいい人や声の大きい人ばかりが評価されるようだと、長い目で見て現場の活力が失われかねない。弱い人にはとにかく温情をかけろ、というわけでは決してない。表面上の要領のよさや周囲の評判に安易に流されず、常に冷静に客観的な数字をきちんと見て判断する。そして経営トップが状況を把握しきれずに判断を誤るといったことがないように、CFOは多面的に人を見て、必要に応じてトップにも報告することが肝要である。

その点で威厳が強すぎて近づき難いようなCFOは、現場から生の情報が入ってこなくなり、あまり好ましくないのではないかと、私は考えている。

すでに述べたように、私自身、就任早々に業績見通しを巡って会社をミスリードしてしまったという負い目を抱えていた。そもそも消極的で要領が悪く、自分はCFOとしての資格があるのだろうかと悩んだこともあった。それだけに社内の弱い立場の人がよく見えた。力がありながら、それを十分に発揮できていない人、報告の仕方が下手でアピールできていない人の味方になりたい、と常々考えてきた。

従業員一人ひとりのやる気、生きがいや幸福を大切にすることは、企業価値を持続的に高める上でも重要である。

こんな有名なエピソードがある。私にとって経理の先輩である第4代CFOの平田雅彦さんは1989年の春、入院中だった幸之助さんを訪ね、決算をもとに近況を報告した。それを聞いていた幸之助さんは、決算については何も質問をせず、代わりにただ一言、「従業員は幸せに働いているか」と尋ねたという。その1カ月半後に幸之助さんは世を去った。これが、平田さんが聞いた創業者の最後の言葉になった。

死期が迫る中で幸之助さんが従業員の幸せを気にかけたのは、自分が興し、人生をかけて育てた会社が、これからも存続し、さらに成長する上で、大切なのは何よりも従業員が幸せに働くことである、と考えていたからではないだろうか。

一人ひとりの働きにもフォーカスする。それは企業価値の羅針盤としてのCFOにとっても、欠かせない重要な仕事であると思う。

＊　＊　＊

第1章では、主に私の若手時代の経験をもとに、経理・財務の基本精神、CFO魂の土台となる基本の考え方について述べていく。

第1章　ＣＦＯ魂を育む

――若手時代の学びと教訓

この章では、入社以来の出来事、そこでの経験を振り返りつつ、私が「CFO魂」をどう鍛えてきたか、そして若手時代にはどんなことを学ぶべきかについて、詳しく紹介している。

最近では、経理・財務のプロフェッショナルとして企業で活躍したい、将来はCFO（最高財務責任者）になりたい、と若い頃から考える人が少なくないようだ。

経理・財務のプロとして学ぶべきことは数多くある。会計やファイナンスの知識はもちろん、M&A（企業の合併・買収）も含め経営の基本の仕組み、戦略も理解しておく必要がある。しかし、そうした専門知識の習得の前に、身につけるべきことがある、と私は考えている。

この章では、「経理社員」として過ごした私の若手時代を振り返りつつ、将来CFOを目指す人が肝に銘じておくべき経理の基本精神、CFO魂の土台のようなものについて述べたい。

1 「数字の裏に人あり物あり」
――経理が肝に銘じるべきこと

経理が扱う数字やお金の背景には必ず人の営みがあり、モノやサービスが存在する。いくら経理・財務の知識、スキルがあっても、数字の裏にある人々の営み、働きに十分に思いが至らないと、経理として、CFOとして本物の仕事はできない。私は常々そう考えてきた。

「数字の裏に人あり物あり」

若い頃から、上司や先輩に繰り返しこう教えられてきた。経理・財務部門で働く上で決して忘れてはならない言葉である。

振り返ると、私が「人あり物あり」を最初に実感したのは入社直後、配属前に経験した販売店や生産現場での実習だった。

1965年、家電業界の「不況期」に入社
ショップ実習で販売現場の厳しさ知る

松下電器産業（現パナソニックホールディングス）に入社したのは1965年、昭和40年の4月である。大学で金融論の大家だった田中金司教授に学び、ゼミの仲間の大半は銀行に入った。私も推薦をいただいたのだが、皆が銀行に行くというのに何となく抵抗もあって、メーカーの松下を受けることにした。先生に報告したら、少し驚かれ、叱られたような記憶がある。

入社した年の大卒採用人数は230人（文系120人、理系110人）と、前年まで1,000人規模だったのと比べて極端に少なかった。前年に開かれた東京オリンピック後の景気低迷の影響もあり、戦後に急成長してきた松下が一つの曲がり角にさしかかった時期でもあった。

今から思えば、一時的な停滞に過ぎなかったのだが、白黒テレビや冷蔵庫の販売が一巡する中で、当時の電機業界では「不況」という言葉が盛んに言われていた。

そんなタイミングで、私の会社生活がスタートした。ちなみに私が入社した1965年に、当時の松下は日本の主力企業で初めて週休二日制を導入する。今でいう「働き方改

革」の先鞭をつけた年でもあった。

1カ月間の本社研修を経て5月半ば、当時のナショナルショップでの実習が始まった。私がお世話になったのは阪急池田駅の近くにあったタカハシ電気というお店で、他メーカーの製品も扱う混売店だった。

朝7時過ぎに弁当を持って守口市の寮を出て、遅い日には夜11時ごろに帰るという生活は、なかなかハードだった。阪急電車で池田から梅田への帰路、寝込んでしまって到着に気づかず、再び宝塚方面に逆戻りしていたことも幾度かあった。

ショップでは、掃除や事務作業、製品の運搬、アンテナの設置など様々な仕事をした。特に夏場、外で作業するのはつらかった。台風の翌日、家の屋根に上がってアンテナを取り付けたこともある。偶然通りかかった学生時代の友人から、「川上、何をしてるんや」と驚かれた。

4カ月半のショップでの実習の期間中、様々なことを学んだ。売掛金の回収、他社の激しい攻勢、顧客からの値引き要請、店員の派遣その他のサービスで求められる対応のスピードなど、第一線の商売は生易しいものではない。販売現場の厳しさの片りんを肌身で知った。

その前年の1964年夏、創業者の松下幸之助会長（当時）は、経営環境が悪化したと訴える全国の販売会社の代表らとひざ詰めで3日間にわたって話し合った。有名な「熱海会談」である。

会談は、熱海市のホテルで7月9～11日に開かれた。『パナソニック百年史』によると、この会談で「幸之助は終始演壇に立って、窮状を打開するための所信を述べ、また販売会社や代理店から率直な声を引き出し、論議を重ねた」という。互いに思いをぶつけあった結果、最後はわだかまりが消え、連帯感のようなものができたそうだ。

なぜ幸之助さんが「熱海会談」で、販売会社との関係、信頼構築にあれほどまでに気を使ったのか。私自身の販売店での実習を思い出すと、それがよく理解できる。今では電化製品の販売は量販店が中心になっているが、かつてピーク時には系列販売店が全国に2万7、000店もあった。早朝から夜遅くまで、真夏に屋根に上がるのもいとわずに働く販売現場の人々が、当時の松下の成長を支えていたのである。

約45年間の会社生活において、販売の一線で仕事をしたのはこの一度きりだったが、今考えても非常に貴重な経験になったと思う。

灯器事業部の組み立てラインで苦戦
当時の実習レポートは大切に保管

「不況」が叫ばれた時期で、どの事業部も新入社員の受け入れに消極的だったのだろう。通常は半年間で終わる実習期間はその後も続き、約1年の長きにわたった。ナショナルショップでの実習を9月いっぱいで終えたと思ったら、10月からは事業部での生産現場の実習として、電池事業本部の灯器事業部に赴くことになった。

「トウキ」と聞いた時は「陶器」をつくる部署があるのかと思ったが、全くの勘違いだった。ランプなどをつくる灯器事業は二股ソケットと並び、創業事業の一つなのである。

灯器事業部は自転車発電ランプと乾電池応用機器をつくっている小さな事業部だった。実習生は15名位だったが、あれこれ学びながら過ごした。プレス工場で現場の社員と出来高を競争したが、1日かけて私がつくった分がすべて不良だったこともあった。ものづくりの奥は深く、見よう見まねでやったところで簡単にはできないのである。

組み立てラインにも入り、指導を受けながら、懸命に不器用な手を動かした。メッキ、蒸着などの工程は大変な作業だった。

この頃の新入社員は、実習レポートを折に触れて書かされた。当時のレポートは現在も私の手元に残っている。今となってみれば、1960年代の生産現場の様子がうかがえる貴重な資料である。

研修・実習、仕事にかかわる資料を残しておいたのは、今から振り返るとよかったと思う。その後も会社生活の中で自分が書いたレポートやメモ、関連資料などはできるだけ保管し、時折、読み返すようにした。私が日記をつけ始めたのは本社の経理部長の時に病気をしてからだが、若いうちから仕事での出来事、特に現場で得た知識や教訓を記録して残しておけば後々、思わぬところで役に立つ。日記を続ければ、自分自身の考え方を深め、確立することにもつながる。

浜名湖工場でトヨタの厳しさ知る 経理としての幅を広げた現場勤務

少し時代が先に進むが、その後、私が実際の仕事として工場現場で働いたのは、入社して20年ほど経ち、蓄電池事業部の浜名湖工場に赴任した時である。課長として赴任して2年目、参事職研修を経て、浜名湖工場の工場長代行になった。工場にいたのは2年間ほどの短い期間だったが、会社人生において最も面白い時期だった。

ちょうど本社に異動になる直前で、この時の経験は経理としての幅を広げてくれたように思う。

浜名湖工場には当時、自動車メーカーから役員、購買や品質管理の担当者たちが毎日のように来られていた。もちろんトヨタ自動車とも取引があり、「さすがにトヨタさんは厳しさが違う」と実感したことが多々あった。

ある日、大雪で高速道路が凍結し、どうしてもトヨタの工場にジャスト・イン・タイムで蓄電池を納入できなくなった。翌日、お詫びにうかがったら、「川上さん、これがラインストップによる損失金額です」と言われて、請求書を突きつけられた。「雪が降るというのは、前からわかっていたことです。準備不足です」。そう言われて、グーの音も出なかった。苦い教訓になったが、こうしたことも工場勤務でなければ経験できなかった。

工場長が留守の間に火災を起こしてしまい、その後の始末に追われ、大変な思いをしたこともあった。製品も工場設備もやられてしまい、土日も含めて3日間、徹夜の復旧作業を迫られた。

工場でけが人が出ると、経理の頭では「労災○級なので○万円の支払いが発生」といった発想になるだろう。だが、現場はそんなものではない。原因の究明、ご家族へのお詫び、労働基準監督署への届け出、再発防止策の策定など、様々な仕事が待っている。現場の勤務は、こうしたことの積み重ねなのである。

この浜名湖工場での勤務の後、私は大阪・門真の本社経理部に転勤になった。その何年か後になって、当時の上司だった事業部長から聞いて分かったのだが、本当は浜名湖工場に赴任する時に、本社への転勤が決まっていたのだという。

「すぐに転勤させていたら、現場を知らない経理のままだった。汚れを知らない絹のハンカチのような経理にはなってほしくなかった」

当時の事業部長が後にそう教えてくれた。本社の経理として仕事をする準備・訓練のために現場を経験させたというわけである。こうした配慮までして育ててくれた当時の上司には感謝するばかりである。

これからCFOを目指す現役世代の人には、「現場を知らない経理になるな」と何度でも強調しておきたい。

2 人との出会いで自分を磨く
――経理の師匠の教え

「数字の裏に人あり物あり」を私に教え込んでくれたのは、最初に配属された電池事業本部の上司、鈴木一さんである。当時は電池事業本部のナンバー2の総務部長という立場で経理や人事を統括していた。後に、高橋荒太郎さん、樋野正二さんに続く3代目のCFOになる人である。鈴木さんは私にとって経理の師匠ともいうべき存在であり、会社生活において最大の恩人の一人といってもよかった。

経理は数字を扱う仕事とはいえ、決して机上で完結するものではなく、人とのコミュニケーションが欠かせない。そういう意味でも、人との出会い、人とのかかわりの中で自分を磨く心がけが大事である。

社内・社外にかかわらず、どんな人と出会うかは運や縁によるところが大きい。振り返れば入社以来、私は人との縁に恵まれていたように思う。経理だけでなく、様々な分野の見識ある人に出会い、それを通じて経理魂、CFO魂が鍛えられていった。

「金本位制なぜ廃止?」日銀に出向き調査 勉強の機会を自ら求める心がけを

いったん新人時代に話を戻すと、灯器事業部での実習を終え、配属に向けた役員面談を経て1966年の4月、私は電池事業本部の乾電池事業部経理課に配属された。役員面接では「企画を志望します。英語が得意で不得手は会計簿記です」と答えたのに経理に行くことになり、「けったいな会社だなあ」と思ったことを記憶している。

配属になった10名程の新入社員を出迎えてくれたのが鈴木総務部長だった。この人に後々までお世話になるとは、その時は知る由もなかった。

鈴木さんの名前の「一」は「はじめ」と読むのだが、本人がサインする時に一を✓と書いたので、皆は「チョンさん」と呼んでいた。社内外に幅広い人脈、情報網を持つ大変な実力者だった。

当時、電池事業本部の経理部長には、後に松下電池工業副社長になる竹中秀夫さんがいた。経理の考え方、あり方を実際の業務の中でOJTとして指導してくれたのが竹中さんである。

配属後ほどない頃、鈴木さんから呼び出されて、離れ部屋のような部長室に入った。大学で勉強したことなどについて雑談をしたあと、いきなり「日本の金本位制は何で廃止されたのか」と聞かれた。返答に困っていると、「調べてレポートにまとめろ」と指示された。

インターネットなどはない時代である。さて、どうすればいいだろうかと困っていたら、竹中さんがメインバンクである当時の住友銀行（現三井住友銀行）に行ってみろと言う。連絡すると、「それなら日本銀行大阪支店を紹介します」と言われ、今度は日銀まで出向いた。そこで丁寧に教えてもらい、それまで全く知らない世界を見聞できた。

1週間で金本位制廃止の経緯をレポートにまとめて、鈴木さんに持って行った。調べた内容を説明しようとしたら「そうか。そこへ置いておけ。勉強になったか」と言われ、それで終わりだった。

鈴木さんにどんな意図があったか、今となっては知るよしもないが、様々な形で勉強の機会を与えてもらったと感謝している。現在ならネットで調べて終わりなのかもしれないが、専門家に出向いて教えを請うという貴重な経験をした。

当時の住銀や日銀の人が入社間もない若い社員に丁寧に対応してくれたのも「松下」と

いう看板のおかげだったのかもしれない。思えば恵まれた環境だった。現在では状況も変わっただろうが、若い頃から意識して人に会い、勉強の機会を自ら求める心がけが大切だろう。

私は後にCFOになってからも、何かあると一流の専門家の門をたたき、教えを請うようにしていた。IR（投資家向け広報）でアナリストらの評価が低く、格付けもなかなか上がらなかった頃、しかるべき専門家に会って改善に向けた意見を聞いた。こちらも心を開き、素直に疑問をぶつけると、貴重な情報や学びを得られた。人との出会いで自分を磨く心構えは、何歳になっても、会社でどんなポジションにあっても、大切であると思う。

「本質的・中長期的・多面的」経理人生の指針となる考え方

その後、鈴木さんは松下電器で創業以来3人目となる経理担当役員＝CFOに就任し、会社全体の経営にかかわることになる。鈴木さんには私の会社人生の節目、節目で指針とすべきメッセージを送ってもらった。

「本質的、中長期的、多面的。この三つをいつも念頭に置け」

これは、1977年12月に私が灯器事業部の課長になった時の鈴木さんのメッセージである。その後の会社生活において、この言葉は私の信条となり、何かの課題に直面した時、判断を迫られた時、考え方を整理する時など、常にこの三つの視点を大切にするようにしてきた。

意識しておかないと、私たちは往々にしてこれとは反対の態度をとってしまう。「本質的」ではなく、枝葉末節ばかりが気になって、重箱の隅をつつくようなことをする。「中長期的」ではなく、目先のこと、一時的なことに気をとられる。「多面的」ではなく、自分の狭い経験に基づいて一面的な見方に傾いてしまう。

そうならないように、例えば決裁願いを受けた時など、印を押す前に起案者に対して必ずこの三つの点について質問するように心がけた。相手とやり取りしながら、私も「枝葉末節にこだわってないか」「目先のことばかり考えていないか」「考え方が一面的になっていないか」と自分に問いかけ、必要なら調査し、あらためて勉強もした。決済書類に印を押す、というのは、ビジネスプロセスの一過程であるだけでなく、起案者・決裁者の双方にとって学習の場なのである。

ＣＦＯになってからも、様々な課題に対して常に判断を迫られた。その際、「本質的・中長期的・多面的」の三つの視点で立ち止まって考えると的確な判断ができ、救われた場面が数多くあったように思う。

私が本社経理部に配属された時には、鈴木さんから「B／S（バランスシート）の勉強をやり直せ。わしが本社へ来て一番苦労したのはこれや」と言われた。正直に言うと、この時の鈴木さんの指摘、B／S思考の大切さを本当の意味で理解するのはCFOになってからだった。これについては、第2章の2「バランスシート思考」、第3章の4「バランスシート改革に総力——負の遺産を処理」で、あらためて述べたい。

私のCFO時代、中村邦夫社長との関係が悪化した際に、雪解けのきっかけをくれたのも鈴木さんである。2002年の初め頃だったろうか、役員OBらが集まる食事会で、鈴木・中村・私の3人が同じテーブルになり、その席で鈴木さんが「中村さんは改革をよくやってくれている。いずれ中興の祖と呼ばれるで」と話しかけた。

業績が悪化し雇用構造改革も断行するなど会社は大揺れで、経営陣をほめる役員OBなど一人もいなかった頃である。中村さんもうれしかったのだろう。翌日、部屋に呼ばれて話をすると、「社長になって初めて役員OBに褒められた。感激した」と素直に喜んでいた。その頃から業績も回復に向かい、社長とCFOの氷河期も終わりを迎える。

役員になったばかりの頃、鈴木さんから「至誠一貫」と書かれた額入りの自筆の書をいただいた。どんな時も誠意を貫けば道は開ける。困難に出会うたび、その言葉をかみしめ、心を奮い立たせた。

私の会社生活の節目に必ず将来を左右するような言葉を送ってくれた鈴木さんは、私がCFOになって6年目、2006年の暮れに亡くなられた。告別式のあと、経理社員向けに定期的に送信していたCFOメッセージ「春を待つ」で、私は次のようなことを書いた。

「多くの人が鈴木さんの影響を受けてきました。残された私たちは、鈴木さんの遺志を受け継ぎたい、と決意した告別式でした」

人との出会いは財産である。自分に影響を与えてくれる人とどれだけ出会えるか、そして何を吸収するかが肝心である。要求水準の高い指示であっても、食らいついて取り組めば何かを得られる。私の場合、新人時代に会社人生の師匠と思える人に出会えたのは幸運だった。

懇親会の食べ残しを厳しく叱責
経営の原点は細部にあり

当時の電池事業本部には多彩な人がいた。新入社員の私からは、きら星のように輝いて見えた。一人ひとり挙げるときりがないが、もう一人だけ紹介させていただきたい。当時の電池事業本部のトップ、東国徳本部長である。東さんは経理出身ではなく、もともと技術系の人だった。当時は親しみを込めて東さんのことを皆、「トンさん」と呼んでいた。

後に松下本社の副社長になる人である。

東さんについて、今も強く印象に残っている出来事がある。何かの用事で本部長の部屋に書類を届けに行った時である。「新入社員か。名前は?」と聞かれ「川上です」と答えたら、「声が小さい。どんな字や」と一喝された。本部長が読んでいた新聞紙の上にフルネームを書いたところ、「字まで小さいな」と言われた。

それから3カ月くらい経ってトイレで偶然、東本部長に会った。「おう、川上。元気でやっとるか?」と声をかけられた。名前を呼ばれて、それこそ毛穴が開くくらいびっくりした。

電池事業本部には当時、5、000名くらいの社員がいた。その中で、一度会っただけの新人の名前を覚えてくれていたのである。これは忘れがたい経験となった。その後の会社生活において、私自身も意識して人の名前を覚えるようにした。CFOになってからも同様に、若い人に話しかける時はなるべく名前で呼ぶようにした。会社でのポジションが上がるほど、そうした心がけが大切であるように思う。

その東さんについては、もう一つ忘れられないエピソードがある。電池事業本部内で10チームほどによる野球大会があり、終了後の懇親会でビールやお寿司などがふるまわれた。その翌日、急きょ開かれた朝会で全員を前に東さんがこう言った。

「昨日はごくろうさん。ところで懇親会が終わった後に会場をのぞいてみたら、お酒や食べ物が山ほど残っていた。君らはいつからそんな贅沢になったのか。そんな態度で仕事をしてもらったら、やがて電池も路頭に迷うことになるぞ。以上、終わり」。

ほんの5分ほどの話だったが、胸に響いた。事業においても同じである。少し気を緩めるとコストが膨らみ収益を圧迫する。当時、抜きんでた高収益を誇っていた電池事業もあっという間に崩れる。東さんの話は、そういう戒めだったように思う。このエピソードは、私の会社生活において後々まで大きな教訓になった。

経営の原点は細部にこだわること。幸之助さんも些細なことほど厳しく叱ったという。その後、CFOとして経営にかかわるようになってからも、この時の東さんの戒めを折に触れて思い出した。

東さんはその後、1979年に発足した松下電池工業の初代社長を務めた。社内分社制で世界と競争し、上場を目標とした会社だった。その松下電池の資本金は100億円と当時のソニーと同じだった。経理が将来の事業計画等を踏まえて1カ月かけて計算した資本金は50億円だったが、「東君に100億やるわ」と幸之助さんの一言で資本金の額が倍に決まったというから、創業者からの信頼も厚かったのだろう。

「10÷3、その心は〝余った1を相手に上げなさい〟」

簡単に数字で割り切れないことは多い。経理の論理とまた違う世の中の真実を、深みのある言葉で教えてくれた。

「幸福とは、過去に思い出がたくさんあること。現在に打ち込むことがあること。未来に夢と希望があること」

「この泥があればこそ咲け蓮の花」

東さんがよく口にしていた言葉は、私の長い会社生活の支えになった。その東さんは、1990年秋に亡くなられた。

3 実践でこそ身につく経理・財務の力

経理・財務社員に求められる能力は時代とともに変化し、会社によっても違うだろう。会計の専門知識、リスクマネジメント力、ITのスキルなどについては、最近は多くの解説書などがあり、若い人はずいぶん勉強していて、吸収力も早いと感じることが多い。

ただ、経理・財務の力というのは、実務と結びつけて身につけないと、本当に強いものは生まれてこない。何より大切なのは目の前の仕事に打ち込み、実務の中から学んでいくという姿勢である。そこを起点に深く掘り下げたり、横に広げたりしていくことが肝心である。

最初の業務は未払費用計上
仕事と社会のつながりを考える

会社に入ったばかりで単調な業務が続くと、なかなか仕事の面白さがわからない。私の経験を振り返ってもそうだった。

1966年4月、乾電池事業部経理課に配属された私の最初の仕事は、未払費用の計上だった。伝票を1枚ごとに確認して経費をチェックしたあと仕分けをし、勘定科目ごと、相手先ごとに計上していく。

消耗品代、間接材料費、修繕費、光熱費など経費の種類によって計上の方法が違う。作業を終えて主任、課長へと提出すると、疑問点を書いた付箋が山ほど貼られ戻ってきた。それをあらためて調べ、再び説明しに行く。上司から「これは何?」と聞かれても分からないことが多く、すぐに現場に走る。日々、その繰り返しであった。

こうした仕事を通じて、経理の基礎業務を学んでいくのだが、会社の書類に慣れていないためか、理解するには同じことを3回くらい聞かなければならなかった。最初は何をやっているのか分からないということもしばしばだった。とりわけ事業部間のやり取り、その際の経理の流れを理解するのに苦労した。

未払費用の処理で特に慎重な判断が必要なのは、原状回復のための「修繕費」と、資産価値を高めるための「資本的支出」の区別である。これについて特に詳しく調べた。税務署が調査に来た時に、この点が問題になる場合が多い。どう処理するかで利益に影響し、税金の額が変わってくるためだ。「なぜ費用として計上したのか」と質問された際に、しっかり答えられるように理論武装しておく必要があった。

単調に見える経理の作業も、一つ一つが会社全体、さらには社会ともつながっている。新人時代はなかなか余裕がないかもしれないが、仕事の意味が分かってくると面白く取り組めるようになる。

そういえば、当時はまだ、そろばんを使っていた。分厚い伝票だとそろばんを5回ほどはじくと、5通りの答えが出たりして困った。一念発起して、寮の近くのそろばん塾に通うことにした。

実は、そろばんについては、幼い頃の苦い思い出がある。小学校4年生の時、珠算7級の試験を受けて不合格になった。同じ試験を30人くらいが受け、不合格は自分一人だけだった。風邪をひいて体調が悪かったのが原因だったのか、よく思い出せないが、とにかく一人だけ合格できなかったのはショックだった。もう一生そろばんには触らないと決心し、家に帰って風呂のかまどの中に放り込み燃やしてしまった。

配属前の役員との面談で「会計簿記が苦手」と答えたのも、子どもの頃のそろばん試験の記憶がどこかにあったからだ。大人になってからのそろばん塾通いは照れくさくもあったが、飴玉を持っていき、周りの小学生に配ったりして仲良くやったお蔭もあって、何とか4級レベルまでできるようになった。

経理、そしてCFOとしての私の原点は、小学生時代のそろばん試験の落第にある。あらためてそう考えると、不思議な縁を感じた。

利益率20％の乾電池事業
叩き込まれた「厘毛精神」

最初に配属になった乾電池事業部は、当時の松下においては異色のグループだった。テレビや冷蔵庫に比べ一つ一つの商品の単価が安いこともあって、原価計算は円ではなく銭、厘、毛の単位である。コスト管理の厳しさは徹底していて、厘、毛まで突き詰めて原価の低減を図ることを「厘毛精神」などと呼んだ。

利益率は常に20％以上あり、当時の松下の事業部でも突出していた。乾電池事業部を率いるのは山本昌平さんだった。背筋のきちんと伸びた高潔なリーダーで、山本さんの前では皆、直立不動だった。山本さんは後に、松下本社の人事担当取締役、常務になる。

この山本事業部長、そして懇親会の食べ残しを叱った東本部長らのリーダーシップで、人材育成も実践教育も徹底していた。それが現場の従業員の高い意識を生み、高い利益率につながっていたのだろう。そうした中で私自身も、厘毛精神を叩き込まれた。

原価管理は利益管理そのものであり、経営の原点ともいえる。日々の実務で鍛えられ、そして植え付けられた「厘毛精神」が、1980年代の円高対策「Ⓜ（マルエム）運動」、CFO時代の「コスト・バスターズ」などの取り組みに生かされていったと思う。

乾電池事業部に勤務して2年半が経過した1968年12月、私は灯器事業部に異動した。その後、ここで1980年まで勤務する。この11年間に経理のすべての業務を務めることができた。経理として独り立ちし、仕事が本当に面白いと思い始めたのは、この頃からである。

4 「決算は生き物」と心得る——人を動かす数字の力

序章でも述べたように、パナソニックには旧松下時代から独自の「経理社員制度」がある。本社から派遣されてお金の面から事業をチェック、サポートするというこの制度が、経営の実践の場で有効に機能してきた。そうした事例は実際、数えきれないほどあった。日常の事業活動においては様々な葛藤も起こりうるが、経理社員は真実の姿をしっかり把握し、正しく伝えていかなければならない。しかも定性的ではなく、すべて定量的にとらえることが肝心である。

これまで「数字の裏に人あり物あり」と強調してきたが、やはり経理が扱う数字の力は大きい。たかが数字、されど数字である。決算の数字によって、現場の士気が一気に上がり、成長に弾みがつくこともある。そうしたケースを私は何度も目にしてきた。その一つの事例を紹介したい。

悲願の赤字解消で士気高まる
決算発表は社内の反応も意識

1968年に灯器事業部に異動後、最初は創業期以来の事業である発電ランプ工場の担当になり、工場全体の決算作業を担うようになった。当時の灯器事業部には製品群が全く違う工場が三つあり、経理も大変で、月次決算では毎回1、2日は徹夜する状況だった。

そんな中で、がむしゃらに働いた。原価計算から工程ごとの材料収支、製品収支などすべてやった。それまでは仕事の範囲が狭いと不満をもらしていたのが、今度は何から何まで自分でやることになった。

その頃の発電ランプ工場は、慢性的に赤字だった。新しく芳中實さんが工場長になり、収支の改善が進み始め、赤字解消までもう一歩というところまで来ていた。

ある月の月次決算の日、芳中工場長に「決算の数字がまとまったら、どんなに夜遅くなってもいいから家に電話をくれ」と言われた。夜11時頃、ようやく決算作業を終えて、「あと一歩でしたが、今月も残念ながら10万円の赤字でした」と報告した。すると、芳中さんは「家に帰らず待っとれ」と私に命じ、そしてほどなく会社にやって来た。

私が決算の中身を縷々説明し、配賦費用という項目に話が及ぶと、芳中さんは「そこを見直せないか」と言う。間接部門の共通費用は一括で計上し、一定の基準で現場に比例配分していて、これを配賦費用と呼んだ。その配分比率を変更できないか、と芳中さんは言うのである。

私は即座に、「それはできません」と答えた。だが、よく考えてみると、配賦費用の基準は元々、正確無比ではない。形式的に分けている面もあり、完全に合理性が貫かれているとも思えなかった。そこで、経理の上司とともに徹夜して基準を見直したところ、工場の決算は30万円の黒字になった。

黒字化を伝えた翌日の朝会で、工場長を含め全従業員たちの喜んだ顔が印象的だった。月次決算の黒字化を一つのきっかけにして、その後、工場が活気づいていき、さらに新製品にも恵まれて、収益はどんどん改善していった。

決算は生きものだと、この時に実感した。決算の数字は過去の結果を示すだけではなく、人々の働きにも大きな影響を与えるのである。

もちろん、様々なケースがあり、経理社員としてどう判断すべきか、どう対応すべきか迷う場合も多い。やはり、実践の中で培われるバランス感覚のようなものが欠かせないように思う。

この出来事は、私にとって決算の重みを思い知る貴重な経験だった。ほどなく芳中さんは、43歳の若さで灯器事業部長になった。

本社の経理部長やCFOになってからは、決算というものの力を感じることは数知れずあった。最終赤字からV字回復する過程では、決算数字が改善するたびに社内が活気づいていったのを目の当たりにした。

20数万人にも及ぶ社員全員の働きを数字で表現し、それを経理担当の社員がグローバルに連結して仕上げた作品が本社の決算である。メディアや投資家に決算内容をどう発信するかを考えると同時に、私はCFOとして、社内の人々がどのように受け止めるかも、常に念頭に置くようにしていた。決算は社員たちの汗の結晶である。そんな思いを頭の片隅に置いておくことが必要である。これもCFOのあるべき姿の一つだと思う。

原価を問い詰めた幸之助さん
お金、数字に強いこだわり示す

数字の力といえば、幸之助さんも数字、とりわけお金にかかわる数字に強烈なこだわりを示す人だった。

私が入社した時、幸之助さんは会長という立場で、すでに年齢も70歳を超えており、残念ながら、私自身は幸之助さんから薫陶を直接受けたことはなかった。だが、一度だけ、芳中灯器事業部長のかばん持ちのような形でお目にかかった。

夜釣りをする時に光る電池浮きの新製品を持っていき、芳中さんがその特長などを説明していた。それを聞いた幸之助さんは、電池浮きの部位を一つ一つ指さしながら、「この部品の原価はなんぼや」「重さは何匁（もんめ）や」「材質は何や」と、矢継ぎ早に質問された。

パナソニック創業者の松下幸之助氏
（パナソニックホールディングス提供）

新製品が出ると、新たな性能などに関心が行きがちだが、むしろ部品のコストに目をつける。そして、たたみかけるように質問を投げかける。経営の神様と呼ばれた幸之助さんの凄みの一端を見た気がした。

その幸之助さんの質問に、芳中さんが即座に答えていたのにも驚いた。よくそんなことを知っているなと思っていたら、後で聞くと「適当にカンで言った」という。内心は冷や汗ものだったようだ。ところが会社に戻って調べてみると、値段も重さもほぼ正しい数字だった。日頃の鍛錬によるものなのか、知らず知らずのうちに製品にかかわる様々な数字が頭の中に入っていたのだろう。これこそプロフェッショナルなのだと感服した。

芳中さんの後に白物家電の新製品の説明をした営業出身の事業部長は、幸之助さんに数字を問われてしどろもどろになってしまい、雷を落とされたという。そんな一件があってから、全社に「事業部のトップは製品の部品の原価まで把握するべし」という話が回ったという。

芳中さんはその後、蓄電池事業部などを経て、松下電池工業専務、松下産業機器社長、松下電子部品社長（松下本社の役員扱い）を務めた。私が役員になった時は、手を取って喜んでくれた。しかし、肝臓病で早くに亡くなられた。とても残念なお別れだった。

5 〝経理道場〟としての決算検討会——本質的な課題を掘り下げる

経理の担当者は決算作業が終わるとほっとしてしまいがちだが、むしろ作業が終わった後、決算の内容を様々な角度から検討、検証することが大切である。そこから、各事業、経営が抱える問題点、課題などが浮かび上がる。それをフィードバックして改善を促す。そのサイクルが稼ぐ力を高め、やがて企業価値の向上につながる。

そうしたサイクルを回すために経理社員が重要な役割を果たしているわけだが、その過程で学ぶことは非常に多い。

「研究開発の中身も把握しろ」
緊迫の決算検討会　経理の土台に

１９７０年４月、電池事業本部灯器事業部の主任に昇格した。初めての役付きとなり、部下もできた。特に早いわけではなかったが、不安と戸惑いばかりの新人時代が過ぎ、経理の仕事にも手応えを感じ始めた頃だけに、この昇格は大きな自信になった。振り返ってみると、主任になった時が会社生活で最もうれしい昇格だったように思う。

当時、電池事業本部では毎月の月次決算の後に、その内容を詳細に検証、検討する決算検討会を開いていた。事業部ごとに経理社員が決算内容を報告し、それをもとに鈴木一さん（電池事業本部総務部長）、竹中秀夫さん（同本部経理部長）らが様々な角度から質問し、議論を深めて課題や問題点を洗い出す。担当の経理社員が決算内容に表れる経営状況をどこまで深く理解しているかが厳しく問われた。

主任になると、この決算検討会に出席できるようになる。私はこの頃、検討会を無事に乗り切るまでは、毎月の決算が終わった気がしなかった。それだけ緊迫感のある、厳しい雰囲気の会議だった。

特に鈴木さんの質問は意表を突くものが多く、即答できずに「調べてきます」と言うこともしばしばだった。

マクロのテーマにはミクロの質問、ミクロのテーマにはマクロの質問が飛んでくる。数字の大小や変化だけでなく、数字の背景にある動きを大切に考え、そこを突かれることが多かったように思う。印象に残った当時の鈴木さんとのやり取りを、まず一つ紹介したい。

ある月の決算で、灯器事業部の研究開発費が増えていた。研究開発費はコストだから、増加すると収益を圧迫する。その数字を見た鈴木さんから「灯器事業部の彼は今どんなテーマで研究しているんや」と質問が飛んだ。経理として数字は押さえていたが、研究の中身までは把握していない。頭をかきながら、慌てて担当者の所へ聞きに行った。

数字の分析だけでなく、数字の後ろで働いている人や物を見るのが肝心で、経理は研究開発の内容もきちんとつかむ必要がある。経営に役立つ経理、経営経理として機能するには、数字の向こうに一歩踏み込むことが欠かせない。決算検討会の場では、鈴木さんからこうした「数字の裏に人あり物あり」を徹底して教え込まれたように思う。

この時のやり取りをきっかけに、私は研究開発について一度徹底的に調べてみようと思い立った。事業部の技術者がそれぞれどんな研究をしていて、どれだけ時間をかけているか。技術者の人たちに協力してもらって調べてみた。その結果をもとに、どのくらいの割合で新商品の開発につながったのなどを分析し、「研究白書」としてまとめた。

この白書の作成を通じて、「商品化に至る比率が高い事業部ほど業績もよい」「研究開発は事業の成長を大きく左右する」といった当たり前のことが身をもって分かってきた。数字を表面的に見て、それを机上で分析するだけでなく、現場に足を運んで、自ら確認する。そうした経理社員として現場を重視する基本の姿勢が植えつけられていった。

研究開発の効果まで経理を担当する社員が分析するのは意外に思われるかもしれないが、ここまでやってこそ、経営に深くかかわる経理、経営経理と言えるのだと思う。こうしたことができていないと、決算検討会の場で経理としての基本動作を問われ、厳しい指導を受けた。

振り返れば、この経理道場ともいうべき決算検討会の場で徹底的に鍛えられたことが、その後の経理人生、そしてCFO時代の仕事の土台を築いてくれたように思う。

「ストーリーが大切」「突き詰めた分析を」本質的な課題を掘り下げて先手を打つ

ある月の決算検討会の議事録が手元に残っている。それを元に、その頃の検討会の様子を振り返ってみたい（私は記録に残すのが得意で、検討会中に自身でメモをとり、ずっと保管してきた）。

40年以上前のやり取りだが、経理・財務の担当者の役割、若手時代に身につけるべきことなどを考える上で、今でも参考になると思う。

1980年4月から、私は神奈川県茅ケ崎の蓄電池事業部に課長として赴任し、毎月の決算検討会のたびに大阪・守口の松下電池本社まで出張していたが、この議事録はその頃のものである。ちょうどビデオムービーの普及とともに、その電源として蓄電池も成長期に入る時代だった。

事業部の出席者は、経理部長のほか、私を含めた課長2名の計3人である。その報告に対し質問が飛ぶ。この時の質問者は主に竹中さんだった。竹中さんの質問は検討不足の点を厳しく追及するものが多かった。

「この経営概況を事業部のトップに報告しているのか。これでトップは満足しているのか。私が事業部長なら、この報告を聞いても何を言うとるのか分からんと思う。つながりがさっぱり分からん」

蓄電池事業部の経理部長が決算の概況を一通り説明した後、いきなり竹中さんから厳しい指摘である。決算の具体的な分析に入る前に経営概況の説明、報告の仕方について注文がついた。どんな表や図を使って決算を説明するかまで、厳しくチェックされた。

「分析のまとめに論理がない。歯抜けの説明になっている。いいとこ取りでよいことばかり言わずに、今は問題点を明確にすることが大事だ」

「経理の原点を大切にしてきちんと数字で全体をまとめた上で、訴求点を明確にせよ。経理の本分をやり遂げることが大事である。まず、それをやってから、他のことを判断せよ」

分析や説明にきちんとした論理の筋道が通っているか。きちんとしたストーリーになっているか。何よりそこが重要である。論理が曖昧なまま、つまみ食いのような説明だと厳しく問い詰められた。また、折に触れて「経理の原点」を確認し、その観点で物事を見るよう指導された。

決算数字の分析において特に求められたのが、「突き詰める」ことである。現象面を追いかけるのでなく、もう一歩突っ込んで、徹底的に分析するのである。

「もっと突き詰めよ。資金、B/Sの比較が大切。計画値との比較は書いてあるが、問題は前年比や。原価–実績原価が大事なのに、それにも触れていない」

在庫や固定費なども数字の変化を追うだけでなく、増減の背景を深く理解することが肝心である。終わった決算について細かい所まできちんと突き詰めて分析していないと、1年経つと忘れてまた同じことを繰り返してしまう。本質的な課題を掘り下げ、問題になる前に手を打つようにする。そのために、経理社員は繰り返し指導された。

そして、絶えず経理社員としての自己研鑽を求められた。

「勉強しろ。自分のやり方がベストではない。上には上がいる。会社の外にも学べ」

この時の私のメモには、竹中さんのそんな言葉が残っている。

ここまでで2時間である。緊張感の中でのやり取りが続く。後半からようやく各論の論議となる。

基本にある「お金大事の経営」
経理は番頭役の務めを果たせ

当時の蓄電池事業部は、ムービー向けの需要増加で売り上げは伸びていたが、一方でコストも徐々にかさんでいた。

「蓄電池の問題はコストアップ。このことにきちんと触れていない。本当に増やすべきコストと、増やさなくてもよかったコストを区別して検討すべきだ」

コストが膨らむと当然、収益の圧迫要因になる。一方で、成長に必要なコストもある。それをきちんと見極める。その上で先を見据えて先手を打つ。そのために何が必要なのか。これらはいずれも、事業部の経営に深くかかわり、それを理解していないと、判断が難しい課題である。

ダム式経営という言葉に象徴されるように、創業以来の伝統は「自己資金中心」で、幸之助流の「お金大事の経営」（コラム参照）を繰り返し教育された。今で言うキャッシュフロー重視の経営であろう。

決算検討会の場でも売り上げや利益に偏らず、お金の動きを踏まえた視点が絶えず求められた。

「資金が減っている。経営が悪くなっているのに、よくなっていると錯覚しているのではないか。これでは番頭役とは言えない。最も警戒すべき現象の一つだ。番頭役の務めはポイントをきちんととらえて指摘すること。そこをずらしてはいけない」

「仕方がない、やむを得ないで物事を進めすぎていないか。それを先行投資という美辞麗句でとらえてしまっている。もっと早く手を打てば、ここまで資金の悪化はなかった」

「本来、経理が問題にすべきことが十分にできていない。今の蓄電池のままでは将来にわたって経営の良化という安心感が抱けない」

立て続けに厳しい指摘である。

経理社員は各事業部における番頭役として、資金を守る責任がある。その務めをきちんと果たせているかを問い詰められた。

「決算概況を書く際は責任者の思いを入れろ」

これもよく言われた指摘である。各事業を担う責任者は、様々な思いを込めて経営にあたっている。そうした思いを決算概況にも盛り込めというわけである。難しい要求だが、確かに数字の羅列だけで思いが感じられない決算概況は、なかなか人には響かない。

各論に入った後半だけで3時間半に及んだ。この日は最終の新幹線で茅ヶ崎への帰路についた。

真剣勝負の決算検討会が毎月、休むことなく続いた。報告の方法もいろいろと工夫した。本部スタッフと各事業部の経理責任者が相談し、B/Sの比較、固定費、ペイライン（損益分岐点）、在庫、ロスコスト（本来発生すべきでない費用）、3カ月見通しと課題などを、新聞紙1ページ分の大きさの紙に書いて、それをもとに議論するようになった。

継続は力である。1、2度やっただけではなかなか効果はないだろうが、決算検討会を毎月繰り返していくうちに、経理社員が果たすべき「経営管理」の機能は強化されていく。

各事業部の決算検討会の様子は、本部でまとめられ各経理責任者に公開されていた。他の事業部の問題点も分かり、共通の課題についてはそれぞれ責任者が集まって協議することもできた。

何より、この決算検討会での討議の場が「経理道場」として機能し、経理社員の教育・訓練につながる効果が大きかったように思う。それは私自身が何よりも実感しているところろである。

【幸之助さんの「お金大事の経営」】

創業者の幸之助さんの大切な教えに「経営はお金だ」というものがある。誤解があってはいけないが、幸之助さんは「お金はあくまで道具であり、人間生活の向上が大事だ」と考えていた。ただ企業経営において、投資などで一時的にお金が減ることがあっても、事業活動の結果として最終的にお金が会社にたまっていかないのはどこかおかしい、というわけである。

こういうエピソードがある。決算を締めた翌日、幸之助さんが突然、大金庫がある財務部の部屋に入ってきて、「私のカネを見せてくれ」と言った。財務部長は冷や汗を書きながら金庫を開けて、銀行預金や手形、現金などの残高を幸之助さんに説明したそうである。次の期からは決算が締まると、利益よりもまず「お金」の残高を報告するようになったという。

経営学などでは、「経営はキャッシュフロー（現金収支）の創出である」と言われる。これは幸之助さんの言う「お金大事の経営」に他ならない。現代のキャッシュフロー経営を先取りしていたとも言えよう。

6 「経理の乱れは経営の乱れ」——ガバナンスと人材教育

「経理は経営の羅針盤を作るところでもあるので、迅速かつ正確でなければならず、また常に公明正大なものでなくてはならない。経理が乱れたら必ず経営が乱れる。いくら技術が進歩したといっても経理の重要性は少しも変わらない」

初代ＣＦＯ、高橋荒太郎さんの言葉である。「経理の乱れは経営の乱れ」は、若い頃から何度となく教えられてきた。いつの時代も経理・財務の担当者、そして彼らを指揮するＣＦＯが決して忘れてはならない警句であろう。

羅針盤の機能をチェック
経理処理を「相互点検」

経理が経営の羅針盤、今でいうレーダーの機能を果たすとすれば、その機能が正常に働いていない場合に経営は間違った方向に行かざるを得ない。まして大きな不正や異常があると、経営に決定的な打撃を与えかねない。経理・財務部門のガバナンスの仕組みをどうつくるかは、経営全体にとっても大きな課題である。

私が電池事業本部にいた頃も、経理組織のガバナンスが問題になり、それを強化するための独自の仕組みがつくられた。50年以上前の話だが、今でも十分に参考になる制度だと思うので紹介したい。

それは「業務点検制度」というもので、簡単に言えば、各事業部の経理社員が、お互いの仕事をチェックし合うのである。この制度ができたきっかけは、1966年に起こった「九州工場事件」だった。

乾電池事業部の九州工場では、経理主任が一人で間接部門の業務をすべて担っていた。ところが、作業が滞り、領収書などの書類の整理が追い付かなくなった。1日、1日のちょっとしたことが長年にわたって積み重なると、「塵も積もれば山となる」で、処理の仕切れない大きな問題になってしまう。経理主任の人事異動に伴い後任者が引き継いだ際、バランスシートと元帳の数字が合わず、調べてみると前任の主任が勝手に数字を操作していたことが分かった。裏付けのない資産が計上されるなど、ずさんな処理が長期間、繰り返されていたのである。

一人または少数の担当者が経理を担当していると、こうした問題が起こりうる。相互チェックで基礎業務を徹底するためにできたのが、業務点検制度である。

電池事業本部にある七つの各事業部から主任クラスを選抜して、全部で七つのチームをつくる。経理責任者をリーダーにした独立したチームである。このチームが各事業部の経理実務を年間に2回チェックするのである。経理実務の抜けや漏れ、誤りなどのチェックのみならず、経営管理の問題に踏み込んで指摘することもある。

1週間の点検作業の後、チームリーダーが、それぞれレポートを作成して報告する。点検作業が十分でなかったり、レポートの内容がピント外れでつまらなかったりすると、リーダーに鈴木さん、竹中さんから厳しい指摘が飛ぶこともあった。

私が重要だと思うのは、こうした業務点検制度が経理社員の人材教育の場としても機能していたという点である。他の事業部の点検作業を通じて、経理社員として基本のものの見方、考え方を学んだ。とりわけ、点検作業を指揮し、結果をレポートにまとめ報告する経理責任者にとっては、重要な学びの場になっていたと思う。

「経理の乱れ」を防ぐためのガバナンス強化策は、いろいろな方法が考えられるだろう。時代に合わせ、また各社の事情に合わせて、有効な仕組みを考えることが肝心だ。そこで柱になるのは、一人で作業を完結させない相互チェック体制の整備と、そして人材の教育である。

「事前の一策は事後の百策に優る」というのは、私が大事にしていた言葉の一つである。失敗した後に百の手を打つよりも、ちょっとした事前の一策のほうがはるかに価値がある。経理部門でひとたび不正が起こると、会社全体にとって大きな損失になる。そうしたリスクを未然に防ぐため、ＣＦＯも責任を持って体制づくりを進める必要がある。

若手教育の肝は啐啄同時
成長を祈るように「待つ」

この第１章の最後に、人材の育成、若手社員の教育について、私の考えを述べておきたい。

どんな仕事も一人でやることはできない。それは経理・財務の仕事も同様である。新人時代を過ぎ、後輩や部下ができると、後進の教育も任されるようになる。序章でも述べたように、ＣＦＯにとっては、人材の育成は最も重要な仕事の一つである。若いうちから育成の仕事に取り組むことは将来、大きな役に立つだろう。

私も若手時代、上司からよく叱られた。しかし、感情的に怒られた記憶はあまりない。感情に任せて激怒したりするのではなく、相手を見て、考え方の根底を見透かすかのごとく叱る。そして欠けたところを悟らせて反省を促す。昔の松下は、そんな人が多かったように思う。

私は常々、教育は「啐啄（そったく）同時」が理想だと考え、そう発言してきた。鳥の雛（ひな）が卵から産まれ出ようと中から卵の殻をつついて音を立てることが「啐」であり、親鳥が外から卵の殻をつつくことが「啄」である。この二つが同時に行われてこそ、雛が卵から無事に産まれる。つまり、学ぼうとするものと、教え導こうとするものが相通じ、双方の呼吸が合うことが教育にとって極めて重要である。

雛がまだ育っていないのに親鳥が外からつつくと死んでしまうし、雛が産まれ出たいとコツコツと中からサインを送っているのに、親鳥がそれに気がつかないと、やはり死んでしまう。

最近は若者の成長を待てない上司が多いような気もする。時代の流れかもしれないし、仕事の量、作業の量自体が増えて、指導や教育に時間をかける余裕がなくなってしまったのかもしれない。しかし、上司が自分でやってしまったほうが早いと考えると、若手は育たない。教育には忍耐、人をじっと見つめて成長を祈るように待つことが欠かせない。

私の若手時代を振り返って、あれはまさに啐啄同時だったという場面がいくつかあった。会社に入って最初に配属された乾電池事業部時代、将来はどうしたい、どうなりたいということは特になく、ひたすら目の前の支払伝票を見て仕事をしていた。仕事の意味がわかってくると、だんだん面白くなり勉強にもなったが、さすがに同じ仕事が長く続くと飽きてくる。同期で入った同じ経理社員の友人が決算業務や材料収支など様々な仕事をやっているのを見ると、同じことばかり日々やっている自分が何か取り残されたような気持ちにもなってきた。

ある日、私は思い切って上司である課長に「仕事を変えてください」と申し出た。課長はしばらく黙った後で、「あの工具屋の月商はいくらや。従業員は何人や」と私に聞いた。支払伝票は日々見ていても、仕入れ先の事業内容までは把握していなかった。聞かれても答えられるわけがない。「君は2年間もその仕事をしているのに、そんなこともわからんのか」。そう一喝する課長に、返す言葉もなかった。

その出来事があってから、全仕入れ先について業務の概要表と支払いの推移表を作った。簡単に見える仕事でも突き詰めれば奥は深く、やるべきことは多い。あらためて気を引き締めて仕事をしよう。そんなことを考えていたところで、灯器事業部への配置転換が決まった。そこで様々な仕事を任せられ、経理社員として一つのステップを上がることができた。今思えば、絶妙のタイミングの異動だった。

長期的に人材を育ててくれる人に出会えたのは幸運だった。会社でのポジションが上がっていくにつれ、私自身も若手の社員に影響を与えることができているか、自問自答するようになった。

若い人も上司や先輩たちを前にして黙ることに慣れてはいけない、と私は考えている。自分の意見を言うことは進歩につながる。人を説得するには、きちんとした論理と倫理が必要だからである。

若い人は、ともすればベテランに頼り過ぎになる。だが、上から下まで全く同じ方法で進む組織は力を発揮できない。若い人が頭と身体を使って鋭い意見を出すことが、組織を活性化させる上で欠かせない。

＊　＊　＊

第2章では、私が主に本社の経理部で仕事をしながら学んだ事を振り返りつつ、ＣＦＯとして仕事をしていく上での基本の戦略、その核となる考え方について、述べていきたい。

第2章　戦略を鍛える

――CFOに必要な思考とスキル

この章では、私の本社幹部時代の経験を振り返りながら、CFOとして身に着けておくべき戦略のスキルや思考法、心がけ等について、詳しく述べている。

入社以来20年あまり過ごした電池事業本部、松下電池工業での勤務を終え、1986年3月、本社経理部に異動となった。

本社に来てから私は、様々な形で経営戦略にかかわり、多くの学びを得た。事業部単位ではなく会社全体を動かすにはどうすればよいか。各事業部や関連会社と連携しながら、グループとして企業価値を高めていく方策も模索した。

それまで事業部の経理として損益計算書（P／L）中心の思考だったのが、本社で勤務する中でバランスシート（B／S）への考え方を教え込まれていったのも、この頃からである。この「B／S思考」とも呼ぶべきものは、CFOとして仕事をする上で欠かせない。

株主の視点を入れるための新たな経営指標「キャピタル・コスト・マネジメント（CCM）」の導入にもかかわり、経営と資本市場の結びつきも意識するようになった。

人脈、コミュニケーションの幅も広がった。上司―部下という関係だけでなく、事業部の責任者や関連会社の経営者とも交流を深め、金融機関や学者・研究者ら社外の人とのつきあいも増えていった。この時に築いた人脈は、後にCFOとして働く上で大いに助けになった。

CFOが企業価値の羅針盤であるとすれば、その羅針盤が正常に高感度で機能するように、性能を磨き高める必要がある。

この章では、主に私の本社経理部時代の経験を振り返りながら、ぜひとも理解しておくべき経営戦略の要諦、そして身に着けておくべきスキルと思考について述べていきたい。

1 経営は「原価」に宿る

原価の管理は利益管理そのものであり、経営の原点ともいえる。1円のもうけへの執着がない経営者は失格である。

第1章で述べたように、私は「厘毛精神」と言われるほど原価管理の厳しい乾電池事業部で会社生活をスタートした。1円どころか、それ以下の厘・毛の単位で原価の低減を厳しく求められた。打ち上げの懇親会で食べ残しがあると叱られたエピソードを第1章で紹介したが、そうした精神を若い頃から徹底して植え付けられていた。

少し油断すれば、原価管理はおろそかになる。こうした意識を全社的に徹底するのは容易ではない。事業部単位ではなく会社全体を動かすには、様々な工夫や仕掛けづくりが必要である。

「着眼大局、着手小局」という言葉があるが、常に物事の全体像を把握した上で、小さな実践を積み重ねることが肝心である。材料費、労務費、一般経費などのコスト管理の日々の実践、原価管理の徹底はまさに「小局」である。

ここでは、私が本社経理部に異動になってほどなく、円高対策をきっかけに全社的に広まったコスト削減運動について紹介したい。

80年代「円高インパクト」に挑む
Ⓜ（マルエム）運動でコスト削減

本社に来てみると、事業部とは何から何まで桁違いなのにとにかく驚いた。決算などにかかわる金額は、すべて億円以上の単位である。とんでもなく広く、大きく、そして深い世界に来たように感じた。

経理部は本社の1階にあり、当時のCFOの平田雅彦さんのほか経理、財務、監査、関連、制度、税務、人材、海外グループなどの各メンバーがいた。2階に上がると、廊下に赤絨毯が敷かれ、創業者の松下幸之助さんをはじめ名だたる役員がいる。最初は驚きと戸惑いの連続だった。

当時の松下電器が直面していた大きな課題は、円高への対応だった。1985年のプラザ合意以降、外国為替市場では急速な円高が進行していた。自動車や電機メーカーなど海外市場への輸出が多い企業にとっては、輸出採算の悪化が大きな負担になっていた。

1986年の春に本社経理部に赴任してほどなく、私はCFOの平田さんに呼ばれてこう言われた。

「円高で松下の経営は大変なインパクトを受けている。みな円高のデメリットばかり言っているが、円高のメリットはないのか。君はそのメリットを1年追求してみろ」

円高になると輸出の採算は確かに悪化するが、輸入のコストは下がる。日々の経費等でもそうしたメリットはあるだろう。あれこれと検討した結果、取り組んだのが、円高を一つの契機にしてコスト構造を根本的に見直すことだった。

購買部門が仕入れる直接材料は除き、経費や間接材料を対象にどんな価格で買っているのか、まず調査してみた。例えば、消しゴムである。当時、松下電器では社内で使う消しゴムを1個55円で購入していた。ところが、松下電池工業で使っている同じような消しゴムは1個が十数円で、約40円の差があった。

事業部や関係会社を回ったりして、ほかにも具体的な事例を探した。軍手、ゴミ袋、セロハンテープ、せっけんなど事例はたくさん集まってきた。経理以外の部門もサポートしてくれて、独自のチームもできた。価格を比較してみると、面白いことがわかった。

現場の作業に使う軍手は、100円から1,000円まで事業部ごとに値段が違うものが何十種類もある。事業部名を隠したまま単価を比較したものを見せると、みな驚いていた。数字を比較して示すやり方が最も効果がある。「こんなに違うのか」といった声が数多く上がった。

これまで事業部間の情報交換ができておらず、自分たちこそ一番安いものを買っていると思い込んでいたのだ。

仕入れ先や購買ルートの見直し、過剰品質かどうかのチェックなど、コスト削減のための「ネタ」は山ほど集まった。小さなきっかけから波紋が大きくなり、すべての事業部に広がって全社的な運動になった。各事業部の取り組みを紹介する発表会なども行った。

そして共通する備品等を本社でまとめて購入するようになると、スケールメリットも出て、コスト減に大きな効果があった。

これを「Ⓜ（マルエム）運動」と名付けて、それから3年間続けた。○＝マルは円、Mはメリットである。やがて、マルはみんなの輪を示すようになった。

間接材料等のコスト見直し業務全般の改革につながる

間接材料や一般経費のコスト削減のために実施したことは、購入の方法や品質の見直し

Ⓜの樹（ヤル気）

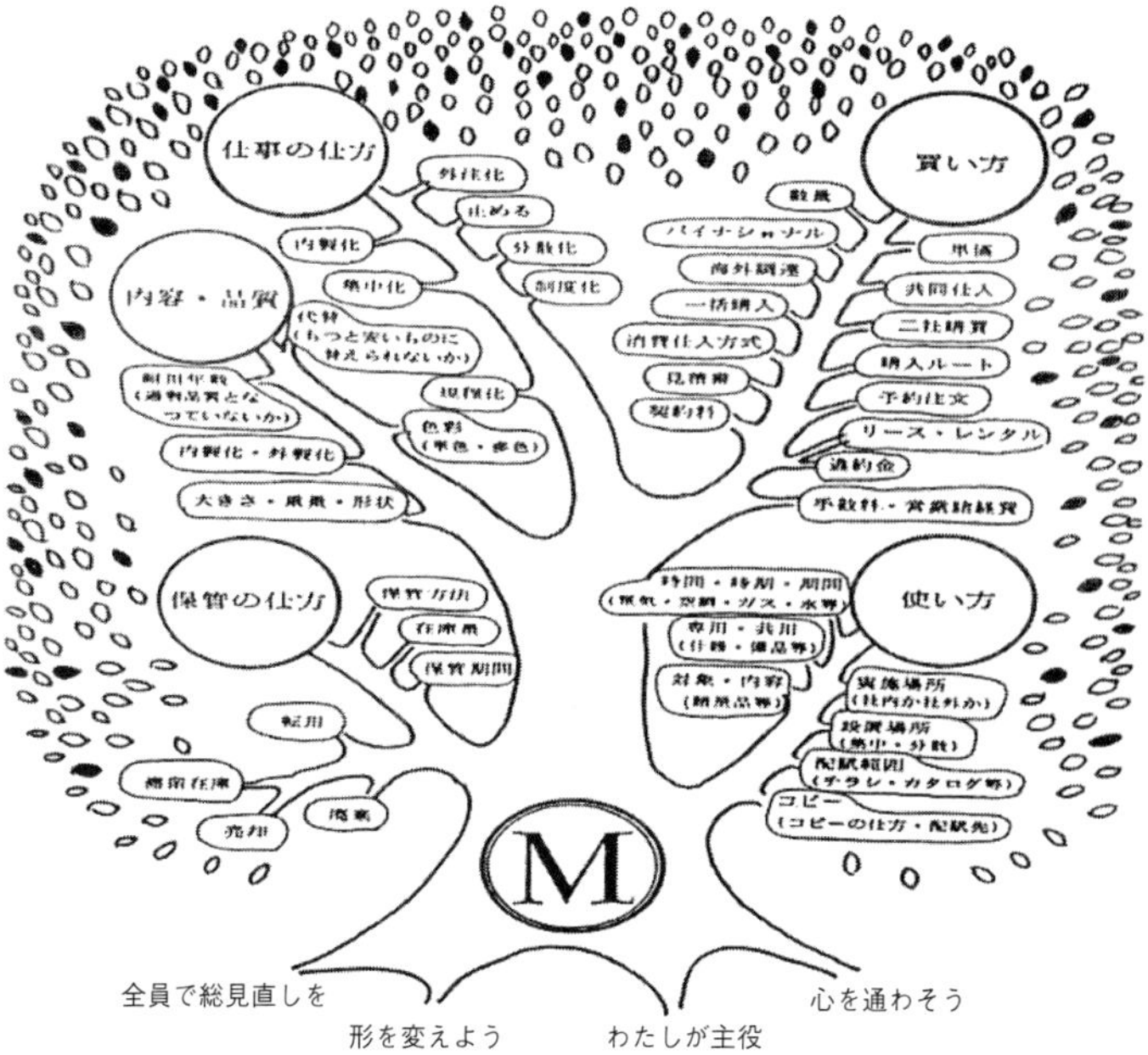

にとどまらなかった。保管の仕方、あるいは使い方、さらには仕事の仕方そのものを見直すことにもつながった。実際、この時は幅広く業務全般の改善運動に広がっていった。

その構図を「Ⓜの樹」という大きな樹に見立てて、一目で分かるような図を提示した。会社を動かすための一つの仕組みづくりである。

このⓂ（マルエム）運動を通じて、私自身も大きな学びを得た。本社がきちんと調査をして各事業部の現場を納得させ、その上で号令を出せば大変な効果がある。そして、コスト削減の取り組みは、様々な形で業務の改革に波及していく。円高対策を契機に広がり始めた改革の波は、やがて経営全体を変えていく。そのことを実感した。この経験はCFO時代、中村邦夫社長の指示によりコスト構造改革の一環として取り組んだ「コスト・バスターズ」でも大いに役に立った。

なお、為替対策については、その後、より抜本的な対応がとられるようになる。海外での現地生産、現地販売が増える中で為替リスクを抑えるには、輸出で得た外貨収入と輸入で生じる外貨の支払いを相殺する「マリー（marry）」が有効である。そうした対応の結果、為替変動によって経営全体が大きく左右されることもなくなっていった。

原価を「幻価」にしないために「事前に」「厳密に」管理する

原価のとらえ方、価格のあるべき姿についての見識は、若いうちから磨いておく必要がある。

「値決めこそ経営」という言葉がある。製品・サービスの価格は、原価をもとにマージンを設定し、その上で販売量を予測して決める。価格の決め方によって企業の業績は大きく左右される。

値決めには、無数の選択肢がある。先入観にとらわれず、市場が求める価格と品質をきちんと見極めて、その商品を最も少ないコストでつくる方法を見出さなければならない。グローバル化によって生産拠点の海外移転が進むと、値決めに必要な原価計算が難しくなる面がある。とはいえ、原価をきちんと把握しないままにシェア拡大を優先した販売戦略をとると、思わぬ失敗を招く。原価が「幻価」とならないように、目を光らせる必要がある。

原価管理は「事前に」「厳密に」やることが肝心だ。それを現場に徹底しないと、収益体質は強くならない。そして固定費の圧縮、ペイラインの引き下げを絶えず意識し、結果としてキャッシュの増加にどうつなげるかを考えていく。

2001年度、当時の松下電器は創業以来の大赤字に陥り、構造改革費用もかさんで、資金も大きく減少した。こうした危機に際し、私はCFOとして「価格のあるべき姿について高い見識を持とう」と訴え、繰り返し原価管理、資金管理、キャッシュ重視を徹底するよう指示した。

危機に直面しても、号令一つで社員がそれぞれの現場で正しい方向に動けるように、平時からの訓練が肝心である。

2 バランスシート思考

「B／Sを勉強しろ。わしが苦労したのはこれや」

本社経理部に異動になったばかりの頃、新人時代の上司であり、経理の師匠である鈴木一さんから送られた言葉である。当時、鈴木さんは松下電器のCFOを経て、監査役という立場だった。

バランスシート（B／S）への理解は経理、CFOだけでなく、経営に携わるすべての人にとって極めて重要である。早い段階から「B／S思考」と呼ぶべきものを身につけておくことが望ましい。

P／Lから生まれるのは改善　経営の革新はB／Sが起点に

B/S思考はなぜ大切か。私なりに考え方を整理してみたい。

企業活動とは何かをあらためて考えてみると、大きく次の3つの活動で成り立っている。つまり、①資金を集める、②集めた資金を資産に投資する、③資産を活用して利益を上げる――である。

最初の「資金を集める」については、「どうやってお金を集めてきたか」がB/Sの右側（貸方と呼ぶ）に示される。集める方法は大きく二つある。一つは返済の必要がある負債（借金）、もう一つが返済の必要がない自己資本（株主資本）である。

集めてきたお金が「何に投資されたか」「どういう状態にあるか」は、B/Sの左側（借方と呼ぶ）、資産の項目に示される。

つまり、B/Sを見れば、会社がどのように資金を集めて、どのような資産に投資しているかが分かる。

その資産を活用して「どう利益を上げているのか」を示すのがP/L（損益計算書）である。一定期間の会社の稼ぎ（あるいは損失）、稼ぎを得るためにかかった費用などが分かる。

企業に長期的な成長をもたらすものは資産である。その資産が痛んでいたり、在庫として塩漬けになっていたり、陳腐化して価値を生み出さなくなっていたりしたら、企業は成長できない。一時的に投資を抑え、コストを減らしてP／L上の利益を出すことができたとしても、長期的に続けるのは難しいだろう。企業価値を継続して高めていこうと考えたら、B／Sを基軸にした経営が欠かせないのである。

経営革新は、P／Lからは生まれてこない。P／Lから生まれるのは、改善である。B／Sを起点にしてこそ、大胆な革新が可能になる。

例えば、棚卸資産（在庫）を劇的に削減しようと目標を定めた時、生産工程での最初のインプットから最終商品のアウトプットまで、すべての過程で合理化、効率化を進め、リードタイムを全体で縮める必要がある。消費者に届くまでの物流の見直しも忘れてはならない。そうした中で、抜本的な経営革新は生まれてくるのだろう。

いかなる事業、いつの時代においても、バランスシート中心の経営は戦略の要諦である。こんなエピソードを聞いたことがある。海外現地法人の責任者として赴任が決まった人が高橋荒太郎さんに挨拶にいったところ、「君の責任の範囲はどこまでかわかるか」と聞かれた。答えられずにいると、高橋さんは続けてこう言ったという。

「君の責任の範囲は資本金やからな」

１９５４年に「内部資本金制度」ができ、「事業計画制度」とならんで経営管理の二本柱となってきた。事業部（海外法人も同様）を一つの企業体とみなし、それぞれに内部資本金を割り当てたのである。事業を推進するためのお金は、この内部資本金、利益の蓄積である内部留保、そして本社からの借り入れに明確に分けられた。

つまり、事業部や海外法人のトップは、収益をきちんと上げる責任があるとともに、財務管理の責任を併せ持つのである。逆に言えば、内部留保によって自ら蓄積した資金などを活用すれば、自由奔放かつ独創的な経営もできるようになる。高橋さんが「責任の範囲は資本金」と言ったのは、こういうことを指しているのである。

ずっと営業や技術をやってきた人が、海外の現地法人の経営者として出向するというケースは多い。グローバル経営に必要な人材を育成する上でも欠かせないステップであろう。

そうした経験をして帰国した人たちが一様に言うのは、やはりバランスシートが理解できないと経営ができないということだった。

私はＣＦＯ時代、海外現地法人のトップとして赴任する人たちへの研修の中で、欠かさずに「トップの責任は利益責任と財産責任である」と伝えていた。利益責任とはきちんと事業を軌道に乗せ、原価も管理して利益を出すこと、財産責任とは会社資産の目減りを決して起こさないことである。Ｂ／Ｓをしっかりと守れと言うわけだ。

海外の現地法人にかぎらず、関連会社や事業部門でトラブルが起きるのは、たいていＢ

／Ｓからである。トラブルを未然に回避するためには、Ｂ／Ｓを日頃からきちんと確認することが大切である。

チェックポイントは多くある。売掛金で期日を過ぎた未回収分はないか。棚卸資産に滞留品・不良品が発生していないか。遊休設備・長期滞留設備がそのまま放置されていないか。そもそも銀行預金の残高は帳簿ときちんとあっているか。そうした点をこまめに責任者が確認すれば、不正を未然に防ぐことにもつながる。バランスシートの管理に責任を持つ習慣を早いうちから徹底しておく必要がある。

B／Sの理想の姿を描く自社の経営理念も反映

ＣＦＯが常に気にかけなければならないのは、会社のバランスシートのあるべき姿である。理想の姿と比べて、現状はどのような状態にあるか。絶えず検証し、必要なら対策をとる必要がある。

バランスシートには、会社の経営理念が反映されていると考えてもよいかもしれない。あらためて旧松下の時代から伝わるパナソニックの経理の「伝統の8項目」について、概要を紹介しておこう。以下がその8項目である。

1　**経営の羅針盤**

経理の乱れは経営の乱れに通じる。経理責任者は経営の羅針盤を果たすことが求められる。

2　**ダム式経営**

渇水時に備え川の水をためるダムのように経営（資金）のダムをつくり、最悪の事態に備えることが肝要である。備えができると心に余裕と勇気が湧く。

3　**自主責任経営**

収益・財務の両面で大幅な権限移譲を行う経営は、信頼関係から生まれる。配慮の行き届いた報告は自主責任経営のカギである。

4　**現場現物主義**

事業場へ行ったら、まず製品倉庫を見る。決算書の数字だけでは見えないものがある。「数字の裏に人があり物がある」。現場へ足を運べ、実態は現場にある。

5　**日々完結**

仕事はその日でキリをつけてダメを押す。毎日、仕訳から残高表を作成し、B／Sを確認する。「1日1日が決算」。そして、帰る時は机の上に書類は一切残さない。

6　自己資金中心主義

お金は人の身体でいう血液、枯渇すると危機に陥る。「貸方を律し借方を攻める」とともに、内部留保を厚くして自己資金で事業資金を賄うことが求められる。

7　厳正公平

事業場は、自主責任経営のもと、自由奔放で創意あふれる経営を行う。それだけに、経理は、共通の尺度（経理規程）で是々非々で判断し、厳正かつフェアーに行動しなければならない。

8　血の通う経理社員制度

経理社員は、事業場長と経理担当役員の二君に仕える。経理の厳正を期すため、経理社員は一貫して本社がその身分を保証し教育する。「人を創り、人を結び、人を活かす」制度である。

これらは規定としては明文化されておらず、経理社員の間で脈々と受け継がれてきたものである。文言など微妙に違いがあるかもしれないが、経理のＤＮＡが込められた言葉として伝わってきた。創業以来の経営理念を反映した、経理の経典のようなものである。

ここにある「ダム式経営」「自己資金中心主義」といった基本理念に従うと、バランスシートのあるべき姿もおのずと決まってくる。

「貸方を律し借方を攻める」というのは、安易な借金頼みへの警告である。負債に対する管理を厳しくし、バランスシートの借方（資産）にある在庫の削減や売掛金の早期回収に努めることが求められる。

会社によって、あるいは成長段階によって、あるべきバランスシートの姿は異なる。自己資本だけに頼らず、借金を増やして攻めの経営を急ぐべき企業もあるかもしれない。まず自社が掲げる経営理念にふさわしいバランスシートの姿を描くことだ。そして、重要なのは、あるべき姿と現状を常に比較し、それに少しでも近づくようにすることである。そうした仕事に、CFOは責任を持って取り組む必要がある。

【P／LとB／Sの基本を知る】

P／LとB／Sの違いが分からないという人に、私はよくタンクの水に例えて説明するようにしている。経理に詳しい人にとっては釈迦に説法かもしれないが、簡単に解説しておこう。

昨日の時点でタンクに水が10リットルあったとする。そこへ今日の朝、100リットルの水を入れ、そして夕方までに80リットルを出して使った場合を考えてみよう。今日時点のタンクの水の残量は30リットルである。

P／Lではフロー（水の流入量と流出量）に着目する。水の流入量100（売り上げ）から流出量80（費用）を引いた20、これが利益である、と捉える。つまり、一定期間の経営成績を示すのがP／Lである。

一方で、一時点におけるストック、水の残水量（今日時点で30）に着目するのがB／Sである。お金で言えば、財政状態を表す。昨日時点の残水量10との差は20で、その差は1日の利益相当（20）と一致する。P／Lはフロー、B／Sはストック、この概念をまず理解することが大事である。

もちろん、この二つは独立して存在するわけではない。P／Lが好調で利益の蓄積が貯まっていけば、B／Sの右側の資本が積みあがり、投資の元手ができる。逆にP／Lで損失がかさむと、やがて資本が痛み、資産を売却して埋め合わせる必要も出てくる。

3 株主の視点を経営指標に加える

――CCMという思想

資本市場のグローバル化が進む中で、企業が生き残るためには、製品・サービスに対するユーザーの評価だけでなく、資本市場からの評価を意識した経営が非常に重要になる。

パナソニックの独自の経営指標にCCM（キャピタル・コスト・マネジメント）がある。これは、資本市場からの評価を意識し、株主重視の経営をさらに推進するため、私の前任のCFOである松田基さんが構築し、1999年度より導入した経営管理指標である。

独自指標のCCMを導入

市場の収益期待と比較

資本市場からの収益期待を資本コストとして認識し、これを上回る収益を上げたかどうかを測る、というのがＣＣＭの基本の考え方である。具体的には、事業利益から資本コスト（投下資産コスト）を差し引いて、この数値がプラスなら資本コストを上回る利益、つまり資本市場の期待を上回る利益を上げていると考えるわけだ。

資本コストという考え方は、少し馴染みが薄いかもしれない。例えば、外部から資金を借りれば利息支払いなどのコストがかかる。一方、増資などの形で資金を調達しても、配当支払いや株式の値上がり期待に企業として応える必要がある。それもコストとして認識するのである。

パナソニックでは、ＣＣＭを事業評価や年俸を決める際の指標としても活用し、現場への浸透を図った。資本市場が期待する水準を意識しながら、収益性と効率性を高める努力を続けることで、結果としてキャッシュフローの改善、企業価値の向上につなげていく。

ＣＣＭを導入した経緯を簡単に振り返っておこう。

パナソニックでは、創業ほどない時期から資金重視の経営が行われてきた。事業部ごとに内部資本金を設定し、Ｐ／ＬだけでなくＢ／Ｓ、資金においても、経営責任を負う経営形態がとられてきた。しかし、会社が成長し、資金面で余裕が生じるにつれて、ともすればＢ／Ｓの面からみた経営に甘さが見られるようになった。

こうした中で、現在ある資産に対してどれだけの収益を上げているかを示す指標として、

1997年にROA（総資産利益率）を導入した。しかし、現場への定着といった運営面での課題があり、それに加えて、「ダム式経営」「自己資金中心」の経営思想とも矛盾する、という問題も発生した。つまり、資金重視の思想に基づいて、それぞれ関係会社等が利益を上げ、資金を増やしても、事業範囲が定められている中では、資金の戦略的な使途にも限界がある。歴史的な低金利局面においては、十分な金利収入も得られず、資金を増やせば増やすほど、ROAは低下する結果になったのである。

現場―本社―社会をつなぐ経営理念との整合性も意識

そこで、再検討した結果、採用されたのがCCMである。資本コストという概念を導入して、資本市場が期待する利益を上げているかどうか、という点で評価するようにした。指標の再検討にあたっては、「現場の日常管理ツールとして機能しているか」「本社の経営理念と整合性があるか」「社会の要請（＝株主重視）に応えているか」という三つの観点を重視した。そしてCCMを現場―本社―社会をつなぐ共通言語になるように位置づけた。

ここで「経営理念」との整合性を重視した点に注目してほしい。「自己資本中心主義」

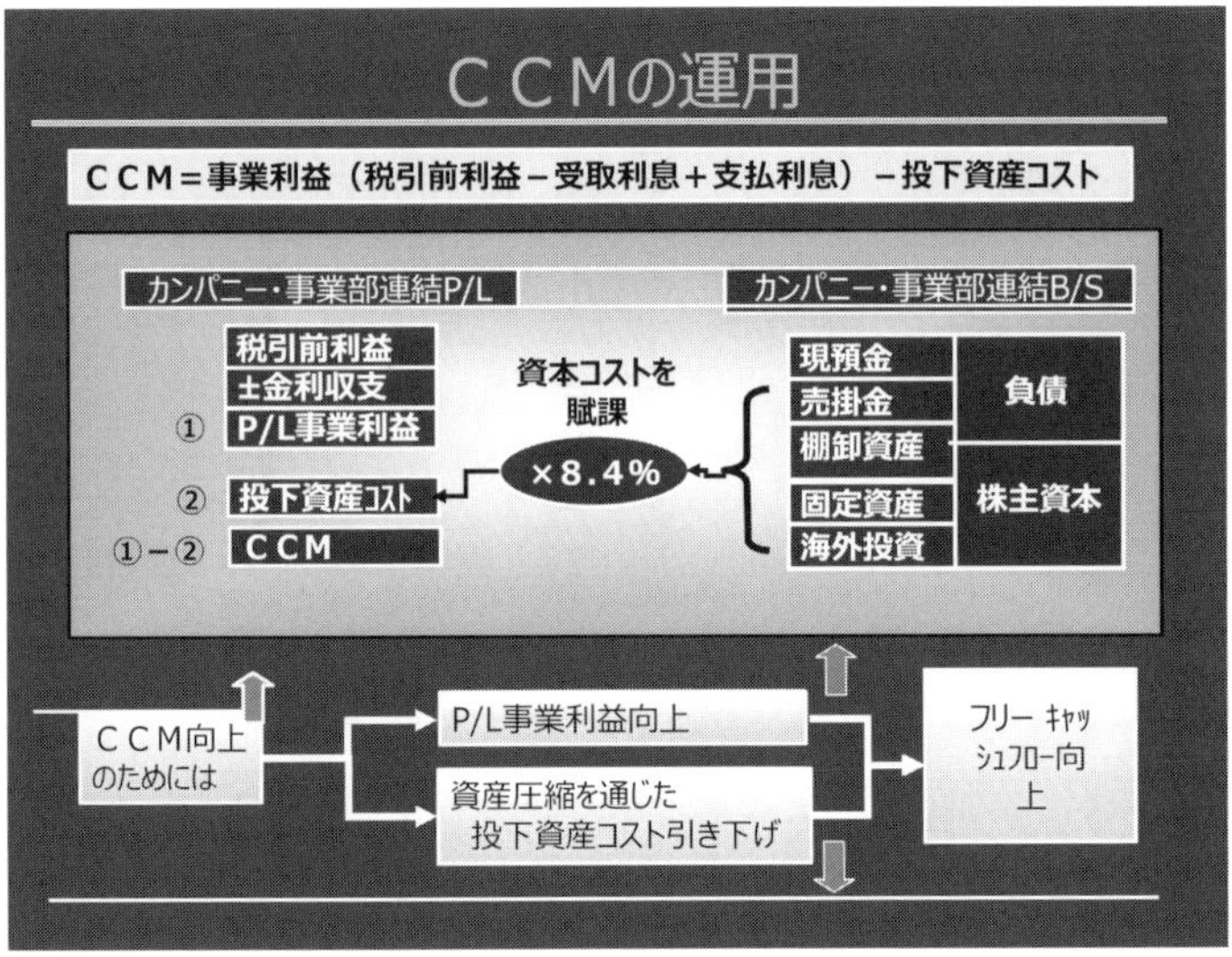

「ダム式経営」といった伝統的な経理の考え方と矛盾するようでは、現場に定着しない。経営管理指標は、既成の指標をそのままの形で導入するのではなく、会社の実態や経営理念に合せて構築することが望ましい。

　やや専門的になるが、CCMにおいては、総資産から金融資産を引いた残高＝投下資産に一定の比率をかけて資本コスト（投下資産コスト）を計算する。このため、借入と自己資本の構成比率が変化しても、資本コストは影響を受けない。借入をあえて増やすことによってCCMが改善する、ということがないような仕組みにした。これにより、「自己資金中心主義」という伝統の経営思想と整合性を図ったのである（上の図を参照)。

どんな経営管理指標を定めるか、それをどう活用するかで、会社は大きく変わる。この点においてＣＦＯの役割は極めて重要である。

ＣＣＭが３期連続赤字で撤退選択と集中を進めやすく

あらためてＣＣＭの計算式を示すと、以下となる。

ＣＣＭ＝事業利益（税引前利益－受取利息＋支払利息）－投下資産コスト（＝資本コスト）

計算式から分かる通り、ＣＣＭの向上のためには、事業利益を増やすか、あるいは投下資産コスト（資本コスト）を下げる必要がある。

まず、経営の現場においては、原価に資本コストを織り込んだ上で採算計算をしなければならず、個別製品の収益性をいっそう高めることが求められる。

他方、利益に結びつかない資産を徹底的に排除することも必要になる。在庫の削減、債権回収サイトの短縮化などによって、資産の効率性を高めるよう求められた。

こうした経理指標が機能するには、現場の責任者や従業員たちが、与えられた目標を身近なものとして認識し、具体的な日常の行動にまで落とし込めるかどうかが重要になる。

日常のツールとして活用するためには、分かりやすさも大事である。独自の経営管理指標を導入する際には、そうした視点が欠かせないだろう。

もう一つの大きな狙いは、ＣＣＭを事業の撤退基準として活用し、選択と集中を進めやすくなるようにしたことだ。創業者の幸之助さんの有名な言葉に「成功とは成功するまでやり遂げることだ」というものがある。それが、いつしか、赤字の事業でも懸命にやり続ければ報われるという解釈となり、過去において撤退した事業はほとんどなかった。中村社長の体制になってから、撤退基準を厳格化し、ＣＣＭが連続して3年以上マイナスの場合は原則、その事業から撤退する方針にした。これに基づき、実際に撤退した事業は少なくない。

さらに、中村さんは、このＣＣＭを各事業の評価にも活用した。収益性や成長性など、事業評価の項目は過去には数多くあったが、それをＣＣＭとキャッシュフローの二つに絞り込むという徹底ぶりだった。そして、責任者の報酬にも反映させて、結果責任を明確にしていった。その詳細については、第3章の6「最大の抵抗勢力は自分自身――経理システムの改革」で、あらためて述べたい。

ＣＣＭは資本市場との共通の言語（＝価値尺度）としても機能していった。ＣＦＯになって、ＩＲ活動をしてみて分かったが、資本市場と対話する際に、こうした共通尺度が非常に重要になる。ＣＣＭという独自指標については、投資家からの評価も極めて高かった。

いずれにしても、企業として社会から貴重な資源を預かり、生産・販売活動を営む上においては、製品であれ、資本であれ、社会の期待に応えることが最低限の条件である。どのような経営指標であっても、この基本原則を忘れてはならないであろう。

4　M&Aの落とし穴を理解する
——「結論ありき」を回避

M&A（企業の合併・買収）は、成長のけん引役になる可能性がある一方で、一つ間違えれば経営に大きな打撃を与える。極めてリスクの高い戦略だが、現代において重要性はますます大きくなっている。

M&Aに経営者としてどう臨むか、とりわけCFOがどうかかわるべきか。私の基本的な考えを述べておきたい。

案件への思い入れは排除
「結論ありき」で交渉しない

企業は成長のために一定のリスクをとって投資する必要がある。M&Aは成長のための最大の戦略の一つである。成功すれば大きな成果につながるが、結果的に失敗するケースも多いようだ。

成長に向けた大規模な投資をする際には、想定されるリスクを事前に分析し、場合によっては戦略を途中で軌道修正していく必要がある。ところがM&Aでは、その修正が難しい場合が多いのである。

例えば、「これは経営トップが持ち込んだ肝煎りの案件だから」などと言われてM&Aの交渉に挑むケースがある。何とか買収を成功させたいというトップの思いを優先すると、往々にして失敗する。

このディールで何が得られるのか、どういうシナジーが期待でき、企業価値をどう高めるのか。そうした点を十分に定量化しないままに交渉に入ると、相手のペースで交渉が進んでしまい結局、高値づかみをしてしまう。十分なシナジー効果を上げないままに、数年後には多額の減損処理を迫られたりすると、明らかに失敗である。

企業としてM&Aという戦略に整合性があるのか。結論ありきになっていないか。M&AにCFOとしてかかわる際には、大前提として、この点を確認しておく必要がある。

現役世代の人はあまりご存じないかもしれないが、幸之助さんは数々のM&Aを手掛け、そこでも手腕を発揮したと言われる。

フィリップスとの提携交渉 CFOに全権委ねた幸之助

戦後の松下電器が大きく成長する一つのきっかけになったのが1952年、オランダの世界的なエレクトロニクスメーカーのフィリップス社との提携である。フィリップス社との共同出資により松下電子工業を設立し、海外の最新の技術を導入して、真空管やブラウン管、トランジスタ、半導体など、当時のキーデバイスを自社で生産する体制を整えた。

M&Aでの幸之助さんのスタイルは、自ら乗り込んで相手のトップと会い、まず自分の目で投資の価値を見定める。その上で、後に経理担当の高橋荒太郎さんも加わって本格的な交渉に動く。フィリップスとの交渉も、そのような経緯をたどった。

オーナー経営者だからこそ、できたのかもしれないが、交渉にあたっては条件に徹底的にこだわり、世界的な企業を相手にしても一歩も引かなかったといわれる。

少し細かい話になるが、非常に興味深い事例なので、当時の交渉について概要を振り返ってみよう。

『パナソニック百年史』によると、フィリップスとの交渉において問題になったのが、先方が求めた「技術援助料」だった。

まず、技術支援へのイニシャルペイメントとして松下側が55万ドル（当時の為替レートで約2億円相当）を支払う。このお金を使って、フィリップスは新会社（松下電子工業）に30％分を出資する。その上で、フィリップス側は新会社が「技術援助料」として売り上げの7％分を支払うよう求めたのだ。

イニシャルペイメントだけでも当時としては巨額なのに、7％のロイヤリティーの支払いはとても受け入れがたいものだった。交渉によって5％に引き下げたが、それでも大きな負担である。

そこで幸之助さんは一計を案じる。

「フィリップス社の技術援助に価値があるのなら当社の『経営指導』にも価値があるはずだ」

そう考え、フィリップス側に「経営指導料」を要求することにしたのだ。

「あなたの方からいかに立派な技術をもってきても、経営を担当する松下電器に経営力がなかったら、決してうまくいかない。しかし、松下電器は、私自身が思うには、あなたの技術を十分に生かして、立派に成功させることのできる経営力をもっている。これを無料と評価してもらっては困る。これはあなたの方の技術導入と同じように評価してほしい」

幸之助さんは、経営指導料の提案に冷ややかな反応だったフィリップス社に、こう訴えたという（日本経済新聞「私の履歴書」）。

一人で始めて日本を代表する企業に育てた「経営力」を正当に評価し、その分の対価を支払え、と訴えたのである。この主張は当然、先方には簡単に受け入れられず、溝が埋まらないまま最終局面を迎えた。

フィリップス社との最終交渉は、経理担当（ＣＦＯ）の高橋荒太郎さんが担った。ここで私が非常に重要だと思うのは、オランダに乗り込んだ高橋さんがこの時、幸之助さんから交渉の全権を委任され、「こっちの主張が通らなかったならば、契約はせんでもいい」という一札（いっさつ）をとっていたという点である。

もちろん、高橋さんとしても決裂はできないという思いはあっただろうが、「トップの意向ありき」「合意の結論ありき」で交渉に臨むと、何とか合意に導こうとして不利な条件を受け入れてしまいかねない。そうなると、後々の経営に大きな負担になってしまう。結論ありきで交渉はしない。Ｍ＆Ａの交渉に臨む際には、このことを深く肝に銘じておくべきであろう。

結局、粘り強い交渉が実って、松下側が支払う技術援助料４・５％、フィリップス側が支払う経営指導料３％で合意した。

「経営指導料などありえないと突っぱねていたフィリップス社の態度が一変したのは、

当社の経営状況を高く評価していたことに加え、３週間に及ぶ交渉を通じて信頼関係が生まれたからにほかならない」

交渉が合意に至った背景について、『パナソニック百年史』はこう解説している。

その後の協議により、１９５６年には技術援助料は３％、経営指導料は２％にそれぞれ引き下げられ、１９６７年にはいずれも２・５％に修正された。15年を経て、双方が台頭の立場になったのである。

M&A、失敗しないための三つのポイント「戦略の整合性」「経済合理性」「シナジー効果」

現代のM＆Aにおいては、事前のデューディリジェンス（資産査定）が極めて重要である。当然、足元の収益状況だけでなく、バランスシートも含めて相手の実態をしっかり把握する必要がある。

最近では、外部のフィナンシャル・アドバイザーなどを使うケースも多いようだが、なかなか企業の実態がつかめないまま、予想以上に費用が掛かってしまう例も散見される。

可能ならば、M＆Aの際の資産査定、買収後のシナジー効果の測定などには、自社の社員がかかわることが望ましいだろう。幸之助さんは、工場の音を聞いただけでその会社の経営状態が分かったという伝説がある。そんな独自の嗅覚を持つ人はそういないだろうから、M&Aの実務経験や会計・ファイナンスの専門知識がある社員、その事業分野のエキスパートなどを動員して、相手企業の姿を正しく知ろうとする努力をとことん突き詰めるべきである。

手続きの完了後も決して気が抜けない。特に海外企業を買収する場合には、相手のキーマンが退社してしまっている、ということも多くある。価値観を共有していた人が退社すると、シナジーは出しにくくなる。当事者意識を持つ人がおらず、自社の経営理念がなかなか浸透しないまま、ムダな時間が過ぎていくということにもなりかねない。買収後にどうシナジーを出すかを事前に検証しておきたい。

M&Aにかかわる際のポイントを三つにまとめると、次のようになるだろうか。①何を目的にM&Aを実施するのか（戦略の整合性）、②いくらで買収するのか（経済合理性）、③どのような効果があるのか（シナジーの実現性）――。こうした視点から、冷静にディールを見極める必要がある。

あらためて強調しておくが、「結論ありき」でM&Aの交渉を進めてはいけない。CFOの立場で交渉の席に着く場合は、高橋荒太郎さんのように一筆を書いてもらうくらいの心がけが必要かもしれない。

CFOは企業価値の羅針盤として、M&Aの成否に対し、とりわけ厳しく目配りしなければならない。

『パナソニック百年史』によると、フィリップスとの提携交渉で合意したあと、幸之助さんは調印式でサインをするという直前になって「少し休憩させてほしい」と言って、中座したという。経営の神様と呼ばれた幸之助さんですら、M&Aの決断にあたって押しつぶされそうな重圧に見舞われていたのだろう。

これは幸之助さんの人間的な一面がうかがえるエピソードだが、逆に言えば、それだけM&Aは企業の命運を左右する重大な戦略なのである。あらためて肝に銘じておく必要がある。

ロンドン出張で極秘調査
レコード会社の買収を模索

このフィリップス社を巡っては、実は私自身も少なからぬ縁があった。幸之助さんによる提携交渉から30年以上あとの1988年、フィリップ社がリストラ資金を捻出するために、レコード子会社のポリグラムの売却を提案してきた。その調査のために数人のチームを組み、本社機能のあるロンドンに出かけることになった。

現地では会社の関係者には誰とも会わず、先方が指示した通りにホテルに滞在しながら連絡を取り合った。超一流のホテルで、ちょうど訪英中だった米国の歌手、マイケル・ジャクソンさんも宿泊していて、ロビーラウンジやエレベーターで偶然いっしょになったのを印象深く覚えている。

ポリグラム社に行くと、世界中のレコード別の売り上げ等が瞬時に出るコンピューターシステムを見せられて驚いた。ポリグラム社は、クラッシック分野で高いシェアを占める世界的な企業だった。

現場の調査や資料の分析などに基づいて資産査定を行うと、当時の為替レートで200〜250億円程度という結果になった。帰国後、その数字を盛り込んで急いでレポートをつくった。

本社で、当時の谷井昭雄社長らを交えた会議を何度も開いた。その結果、買収は見送られ、少額の資本参加にとどめるという結論となった。様々な事情を考慮して出した結果なのだろうが、私自身は「それはない」と内心憤った。案の定、フィリップスの社長が飛んで来て、机を叩いて怒り、交渉は破断となった。

その直後の1990年、松下は当時のレートで約7、800億円という巨額を投じて米映画会社のMCA（現NBCユニバーサル）を買収する。そのMCAもわずか5年後の

1995年に、カナダの蒸留酒メーカーのシーグラム社に80％分の株式を売却した。振り返ると、M&Aを成功させて企業価値の向上につなげる難しさを身に染みて感じる。

今考えると、当時の松下では、ソフト事業に対する方向性がきちんと定まっていなかったのかもしれない。

ポリグラムについては、さらに後日談がある。我々の極秘渡英から10年ほどたった1999年、MCAの親会社になっていたシーグラム社がポリグラム社を買収したのだ。何という巡り合わせだろう。その買収価格は1兆数千億円もの金額だった。世界的なソフト業界のうねりは、その後も続いていく。あの時に買っておけば、どういう展開が待ち受けていただろうか。

私自身の経験を振り返っても、何を目的にM&Aをやるのか、戦略の整合性を突き詰めて考えることが極めて重要であるように思う。

【ソフト事業の研究「ハードだけだと下請けになる」】

パナソニック（松下電器産業）はなぜソフト事業を育成できなかったのか。この問題を巡っては、社内外で様々な意見が交わされてきた。私自身もソフト事業についていろいろと考え、社内で問題提起したこともあった。参考までに紹介したい。

1988年、創業70周年記念の論文の募集があり、私を含め4人で応募することにした。経理部の私以外のメンバーは国際契約部の上出厚郎、石田仁男、斎藤純子の各氏である。テーマは松下にとってのソフト事業の研究だった。3カ月間かけて研究し、論文にまとめた。

手書きの論文が手元に残っている。表題は「ソフトなきハードは下請けになる~ソフト戦略に第一歩を踏み出せ」である。

なぜソフトに進出しなければならないか。論文では、CBSソニーグループでCDシングルの生産が急増していること、松下の本流である音響機器でもソニーに抜かれたことを指摘した上で、「もちろんハードそのものの商品力の差が大きい。しかしそれだけでなく、やはりユーザーへの目の向け方の差があった」と論じ、ソフト戦略の必要性を強調した。

さらに、ソフトを持つハードの強み、ソフトの事業規模と松下の現状課題を分析し、それに詳細な業界データを付けた。

「今この問題を考えないとしたら松下電器はやがてひたひたと押しよせる

〝ソフト化の波〟の中におぼれてしまい、〝世界最大の下請企業　松下電器〟になってしまう。時代は移り変わり今やハードはソフトを楽しむための手段となっている。松下は他社が作り出すソフトに合わせた手段の生産を専らとしてよいのか。新しいハードを開発し、世に出すためには、自らソフトを一体として生み出していく必要がある」

これが、この論文を通じて主張したことだった。

その頃からよく言われたのは、ソフト事業に参入しようとしても松下には「カルチャーがない」「人材がいない」という指摘である。すべては人によって決まる、というのは確かである。しかし、当時の大賀典雄ソニー社長がCBSソニーを始めた時のポリシーは「素人で始めろ」だった。ハード屋や営業マンがレコード会社のトップになった例もあるし、東京・新宿の劇場、東京グローブ座の支配人は松下の元社員だった。

「松下グループは国内外で20万余名がいる。その中にソフトに向いている人は本当にいないのだろうか」。

論文ではこんな主張を展開した上で、「ソフト事業本部」や「松下グループソフト会議」の設置などの提言を盛り込んだ。

35年前の論文だが、いま読み返しても問題点をきちんと指摘していて、我ながら参考になる内容だと思う。

しかし、その後のソフト事業への取り組み、その成果を見ていると結局、ものづくり以外の人材は育たない風土だったのだろうか。

1990年に買収したあと5年後にその株式の大半を売却したMCAについては、後々、この残りの株式の最終売却が問題となる。CFO時代に経理の立場からその処理に取り組むことになるのだが、それについては後ほど第3章の4「バランスシート改革に総力――負の遺産を処理」で、あらためて述べる。

5　グローバル化への対応
――経理・財務面の支援体制

国内市場の縮小が鮮明になり、多くの企業は今後の成長の柱を海外戦略に置くようになっている。そうしたグローバル展開を支えるために、経理や財務面でどのような対応をすべきか。ＣＦＯとしては、そういう点においても知見を深め、早めに準備していく必要がある。

幸之助さんが初の海外渡航であるアメリカ視察に旅立ったのは１９５１年１月のことである。日本製品がどの程度売れるか、海外から何が得られるか（経営手法や技術など）についての調査に行ったという。それが戦後の松下にとって、グローバル化の原点となったと言える。

もっとも当時は、国内市場で急速に家電製品が普及している時代で、その後もしばらく国内中心の成長が続いた。

一段と進展するグローバル化
経理・財務面の支援体制カギに

そして経営のグローバル展開が本格的に進んでいくのは、私が入社した1965年頃からである。輸出の拡大に加えて、海外での製造・販売拠点の整備が急速に広がっていった。

私自身は、40年あまりの会社生活の中で海外勤務は1度もなかったが、若い頃から海外への意識は強かったように思う。

入社して3年目、松下が創業50周年を迎えた1968年に、50周年記念論文に応募したことがあり、その時に私が選んだテーマが「海外工場展開における本社のあり方」だった。

当時、私がいた電池事業本部は、世界展開のパイオニアとして多くの国・地域に工場をつくっていた。部を挙げて海外展開を支援する体制が根付いていたのだろう。海外に赴任している人が帰国出張で訪ねて来たり、赴任前の社員が研修で来たりすることが多かった。

海外の一線で働いている人々の話を聞くのは、とても面白かった。聞いているうちに、海外で活躍する際のカギを握るのが、国内の支援体制であるということも分かってきた。

そこで、海外展開を支援する本社のあり方について論文にまとめることにしたのである。

当時、私が住んでいた守口市の寮は4人部屋で、部屋では書きにくかったので、近所の小料理屋の2階を借り、2週間ぐらい毎日、そこに出向いて論文をまとめた。論文は全社で3位に入賞し表彰された。仕事が全く分かっていない割には、晴れがましい若手時代だった。若い頃から、社内で論文募集があれば、とにかく挑戦するようにしていたが、今から考えると見識を高める上で多いに役立ったように思う。

その後も私自身、事業面で海外とのかかわりは多くあった。しかし、私が長く携わってきた経理部門において、その仕組み、体制がグローバル化に十分対応していたかというと、決してそうではなかった。

むしろ国内中心、単独中心の思想が深く根付いていて、会社全体のグローバル化の動きからは、かい離していたと言ってもよかった。

CFOとして海外を回るうちに、それをはっきりと認識した。欧米アジアなどで定期的に現地の経理社員らを集めて「経理会議」を開いていたのだが、そうした会議に出席するたびに、経理部門のグローバル対応の必要性を強く感じるようになった。

システム面での対応に加え、現地社員も含めた人材育成なども遅れが目立っていた。グループ全体としてグローバルに成長していくには、経理・財務面の体制の整備が必要だった。

経営の憲法ともいえる経理規程についても手を入れた。海外でも通用するような経理の基本規程を盛り込み、英語、中国語など各主要国の言語で再編成し、2005年、グローバル経理規程という形で各地域に配布した。これについては、第3章の6「最大の抵抗勢力は自分自身――経理システムの改革」であらためて述べる。

「経営は分権、資金は集中管理」グローバル財務体制の構築

「破壊と創造の構造改革」が一段落したころ、課題であった財務管理体制の整備に動き出すことにした。

「経営は分権、資金は集中管理」

これがパナソニックの伝統的な考え方である。この方針に従い、キャッシュフロー経営と連結経営を支えるインフラとして、「グローバル財務プラットフォーム」の構築に取り組んだ。

これまで日本を含めて地域ごとに置かれた財務拠点ごとに資金を管理していたが、それを全地域の財務拠点をつないでグローバルに1カ所で集中管理をするようにした。それが「グローバルトレジャリーセンター」で、2006年に設立した。場所は税務上の有利さ

を考えて、オランダのアムステルダムに置いた。全世界の資金を集中管理し、為替やグループ内決済もここに集約したのである。

システムの構築にあたっては、金融機関の決裁情報通信網である「ＳＷＩＦＴ」を活用した。当時としては、日本の事業法人で初の取り組みであり、財務管理スキームの先進事例となった。

これは幸之助流の「お金大事の経営」をグローバルに広げた取り組みである。グローバルなキャッシュの動きを一元的に管理することで、国際競争力を強化するという効果に加え、資金管理の効率化によって業務改革にもつながっていく。

6 コミュニケーション力を磨く

ＣＦＯにとっての重要なスキルの一つに、広い意味での「コミュニケーション能力」があると私は考えている。ＩＲ（投資家向け広報）の場で投資家やアナリストと向き合う際には、どれだけ彼らと深い対話ができるかで、資本市場での評価が大きく左右される。こうした能力はすぐには身につかない。若いうちから意識して、様々な場面で訓練しておく必要がある。

「レポートは詩。心に響く言葉を」上司への報告書で表現を磨く

松下の本社経理部では、各事業部や関係会社と情報をやり取りしたり、本社の指示を伝えたりする立場の社員を「主計官」と呼んだ。旧大蔵省で予算案の査定や作成をする役職

にちなんだものであろう。これはパナソニックと社名を変えた現在でも、脈々と受け継がれている。

経理制度が機能するためには、この窓口となる主計官の役割が極めて重要になる。経理の知識とともに、コミュニケーションの力が求められる。そうした能力も実践の中で鍛えられた。

私は関係会社グループだったので、国内各地に出張して関係会社のトップや幹部たちに会うことが多かった。

最初に行ったのは、奈良県にある松下住設機器である。経理責任者に挨拶にいくと、七つの事業部の事業部長、経理部長が出てきて、それぞれから説明を受けた。何も知らない窓口主計官の私に対して2日間にわたって、つきっきりで現場の状況を教えてくれた。

香川県高松市に本社があった松下寿電子工業を担当した際には、2日間で四国の全事業部を回った。ビデオデッキやビデオカメラなどの製造を手がけていた会社で、幸之助さんを支えた番頭の一人、稲井隆義さんが社長を務めていた。社長室に挨拶に行ったら、最初は5分だけと言われたのだが、何かの拍子に意気投合し、結局、2時間にわたって稲井さんのものづくり論を聞かせていただいた。

青沼博二社長が率いる九州松下電器もすさまじい会社だった。1955年に「産業を通じて九州の発展に貢献する」ために創業者の肝いりで設立した会社で、電気機器を手がけ、当時は上場もしていた。上場会社としての危機感、スピード感は印象深かった。現場の担当者とのちょっとしたやり取りが、その日のうちに青沼社長にまで伝わっていた。

こうした名だたる経営者たちと対等の立場でわたり合いながら、現場の状況やファクトを知り、取り組むべき課題についての認識を共有した。そして本社の動き、CFOの話などをフィードバックする。このサイクルがうまく回らないと、いい仕事はできない。とにかく現場に出向き、よく人と会って、よく話を聞くことが大切である。

定期的な仕事は、月次の決算速報処理とCFOの平田さんへの報告だった。決算速報は、月末から5日間ぐらいで各事業部、各営業本部、国内関係会社、海外拠点、研究所などから数字を集めてきて、それを突貫作業でまとめて、レポートと口頭で報告する。

初代の高橋荒太郎さんから数えて4代目のCFOである平田さんは、基本的に話をよく聞く人で、ときどき感心して「ふーん」と大きな声を出した。報告する方はこれに励まされた。ところが「つまらない」と感じたら、途中で居眠りをしてしまうこともあった。

平田さんの反応を見て、自分の報告のレベルが分かった。上司への報告の際には、ポイントをついた言葉を使っていかに要領よく話すか、工夫が求められる。あれこれ試行錯誤し、ずいぶん鍛えられた。

平田さんへの報告に関して、非常に印象に残っていることがある。先ほど述べた四国の松下寿や九州松下への出張報告を提出した時である。現場で感じた個人的な印象も含めて、旅行記のようなレポートにしてまとめた。例えば、松下寿で見たビデオの製造現場について、「母親が赤子にミルクを飲ませるように、静かに部品がはめ込まれていった」などと表現してみた。しばらくして、平田さんのメモがついたレポートが返却されてきた。そのメモには、こう書いてあった。

「よいレポートだ。レポートは詩だ。心に残る詩集を編もう！」

「詩」というのは、数字やファクトの羅列ではなく、現場の雰囲気や人々の息づかい、報告者の気持ちなどが行間ににじみ出るレポートということであろうか。経理の報告であっても、読む者の心に残らなければよいレポートとは言えない。経理の仕事の奥深さを感じた。

ＣＦＯになると、社内外に様々な形で発信をする必要がある。その際にも常に「相手の心にどう響くか」を意識することが肝心であろう。

平田CFOに学んだ「血の通う経理」
一人ひとりの社員との対話を重視

平田さんとの最初の接点は、私が茅ヶ崎の蓄電池事業部で経理課長をしていた時だった。その頃、関東地区の主任職研修の世話役をしていて、松下傘下の日本ビクター（現JVCケンウッド）に出向していた経理の先輩の平田さんに、講演会の講師役を頼みに行った。ところが、「忙しいし、そんなことをやる義理はない」と、2回頼んで、2回とも断られた。そこで平田さんの秘書からこっそり空いている日時を事前に聞いて3回目、頼みに行ったところ、「君もしつこい男だな。分かった、やるよ」と承諾してくれた。

講演内容は本当に素晴らしく、感銘を受けた。経理の機関誌に載せて、全経理社員に配布された。3代目CFOの鈴木一さんの後継者として平田さんが松下本社に復帰するのは、その翌年の1984年である。

平田さんは1985年に理事からすぐ取締役になり、86年に常務、87年に専務、88年に副社長と昇格していった。これを皆、「平田ステップ」と言った。これがいかに凄いことかは後になってよく分かった。

経理のエリートである平田さんが、松下本社の理事になったばかりの頃のことである。全国を回って各地区で経理責任者らとの懇親会を開いていて、その一環で私がいた神奈川県の湘南にもやって来られた。15人くらいで夕食を食べながら懇談した。

楽しく宴も終わり、2階にあった会場から降りようとした時、平田さんがその懇談会に参加していた一人をこっそり階段の下に呼んで話を始めた。何気なく聞いていたら、平田さんはこんな話をしていた。

「今夜はすまなかった。君とあまり話ができなかったな。こんどは私がよく勉強して対話ができるようにしてくるから」

懇談会で十分に話ができなかった人に目配りし、終わってからフォローをする。「血を通わせる経理社員制度」の神髄を見た気がした。そうした平田さんの様子を見ながら、「この人にならついて行ける」と確信した。

「血を通わせる経理社員制度」は、パナソニックに伝わる経理の伝統8項目の一つである。その原点にあるのは、一人ひとりの社員との対話、心の交流を大切にすることではないかと思う。

その当時、CFOの平田さんの発案で、新たに経理塾という活動が始まった。1988年、私もその塾頭をすることになった。「一年間、何をやってもいい。塾頭に任せる。視野を広く、見学や勉強をしろ」という。塾頭は部長職の社員が務め、塾員は全社の経理社員から選んだ8名で1チーム、全10チームの塾がスタートした。

「感性を磨き、自分を見つめる」というのが、川上塾の合い言葉だった。チームのメンバーとともに、毎月1～2泊で地方に出張をした。訪ねた場所をざっと挙げると、自転車事業部、岡山ビデオ、電子工業、ＰＦＵ、北海道電子部品、ＪＶＣと日本レコード協会、松下政経塾、九州松下、松下寿などである。訪問先は私が決めて、後はすべて塾生に任せた。

訪問先では、それぞれのトップに会って話を聞いたほか、陶器、美術館、茶の湯など、その土地の文化にも触れるようにした。

毎月、本を指定し、それを読んだ感想を書いて発表してもらった。ポール・ケネディ『大国の興亡』、堺屋太一『豊臣秀長』、阿川弘之『井上成美』など、経理には直接関係のない本を多く読んでもらった。

日頃の仕事を離れて様々な現場に行き、様々な経験を積んだことで、私自身も経理として、ビジネスパーソンとしての幅が広がった。指導役を務めることで自分が磨かれる。川上塾はそんな貴重な場でもあった。

社外との人脈も広がる
異業種交流会での出会い

コミュニケーションといえば、本社に来てから社外の人脈も広がり、つきあいを深めていった。これが後々、CFOになってからも大きな財産になった。

初めての本社勤務は戸惑いもあり、不安も大きかった。そんな時に本社の状況などをいろいろ教示してくれた人がいた。メインバンクである旧住友銀行（現在の三井住友銀行）の担当者である。日頃から社内に出入りしていて、様々な情報を持っていた。

上司でも部下でもない銀行マンという立場からの情報は貴重だった。彼とはその後も長いつきあいが続いた。ちなみに、パナソニックと旧住友との間には長く深い歴史がある。幸之助さんが住友銀行との取引を始めたのは創業からほどない1927年、昭和2年のことだった。

私自身、CFO時代に松下興産の処理を巡って、三井住友銀行とギリギリの交渉をし、その過程で厳しい試練を味わうのだが、それについては第3章の5「原理原則を貫く――最大の難関の『松下興産問題』」で詳しく述べる。

本社の幹部時代は、人脈が社外に広がっていった時期だった。一橋大学の伊藤邦雄先生が本社に訪ねて来られて、ブランドについて意見交換をしたのも、その頃である。伊藤先生とはＣＦＯ時代、引退後と、今に至るまでつきあいが続いている。

関西生産性本部が主催する異業種交流会「関西経営幹部交流懇談会」に参加したのも、いい経験だった。英語の名称はManagement Executive Study Teamで、通称ＭＥＳＴと呼ばれ、関西では名高い交流会だった。定期的に集まって、その時々のテーマについて討議した後、夜はお酒も入ってにぎやかに懇談する。

このＭＥＳＴでは、高島屋、サントリー、日本生命保険、大林組、オムロン、ＪＲ西日本など、全く違う業種の人達と出会えた。

ＣＦＯとして厳しい時代、メンタルを病むほどに辛い時に、このＭＥＳＴで知り合った友人たちには精神的に助けられた。同期入社の同僚たちはすでに退職しており、社内には相談相手は一人もいなかった。ＭＥＳＴの集いは、オアシスのような場所だった。

外部に人脈、友人を持つことは、非常に重要である。ちょっとした縁がビジネスにつながるケースは多い。私自身、このＭＥＳＴのつきあいがきっかけで、事業再編が実現したケースもあった。

もちろん、仕事がすべてではない。会社を引退してからの時間は思いのほか長い。会社を離れても、豊かな人生を送るために、人とのつきあいを意識して広げていくことが大切であろう。

＊　＊　＊

第3章では、私がＣＦＯになり、「破壊と創造の改革」にどうかかわったか、ＣＦＯは企業の構造改革にどんな役割を果たすべきかについて、述べていきたい。

第3章　構造改革とＣＦＯの役割

日本企業は、２００８年のリーマン・ショック、２０１１年の東日本大震災、２０２０年の新型コロナウイルス禍など、様々な困難に見舞われてきた。こうした危機を乗り切るには、「構造改革の常態化」が必要である。

この章では、私の経験を振り返りながら、企業の構造改革においてＣＦＯが果たすべき役割について述べる。

構造改革・成長戦略プロジェクト「創世21計画」は、2001年から本格的にスタートした。「破壊と創造」をテーマに構造改革を主導した当時の中村邦夫社長は、「経営理念以外、聖域は設けない」と訴えた。

20世紀型の経営モデルを破壊し、21世紀型のモデルを創造する。そんな目標を掲げ、破壊と創造を同時並行で進めた。収益構造の変革とともに、負の遺産の処理、バランスシートの大改革も迫られた。

2007年の退任時のCFOメッセージで私は、「嵐のような改革だった」と振り返ったが、私自身もまさに嵐の中にいるようだった。

ITバブル崩壊の直撃を受け、2001年度の決算は創業以来の巨額の赤字を計上した。こうした厳しい業績環境の中で、CFOとして常に気にかけていたのが資金（キャッシュ）の行方だった。

改革にはお金がかかる。資金が尽きれば、経営トップがどんな強い意志を持っていたとしても、改革は継続できない。CFOは冷静に資金の見通しを把握し、社内で情報を共有して、経営判断に反映させることが大切である。

2001年度の雇用構造改革では実際、退職金等の支払いが約6、000億円にも及んだ。大規模な改革でキャッシュが流出すれば、投資家や株主にも懸念が広がりかねない。

ネット資金が底を尽きかけ、当時はCFOの私でさえ、「このままだとつぶれるかもしれない」と心配になったほどである。資本市場への影響を抑えるために、リストラの効果、その先の収益、資金の見通しも具体的に示す必要があるだろう。

収益構造の改革とともに取り組んだのが、バランスシートの改革だった。

「後輩に負の遺産は引き継がない」

それが合言葉だった。これまで手をつけられずにいた懸案にも着手し、改革につなげていった。

どんな場合でもバランスシートには禍根を残さない。そんな強い心構えがCFOには求められる。

「嵐のような改革」のさなか、私には三つの立場があったように思う。一つ目は「経理部門のトップ」、二つ目は「改革の旗振り役」、三つ目は「バブルの後始末役」である。

CFOだからこそ、全体像が見えるという面もある。この章では、私の経験をあらためて紹介するとともに、企業が大がかりな構造改革を断行する際に、CFOに求められる役割は何かについて述べたい。

1 「資金は経理の責任」——ＣＦＯとしての覚悟

国際通貨基金（ＩＭＦ）によると、１９９４年に日本の国内総生産（ＧＤＰ）は、世界の18％を占めていた。それが２００６年には、１桁に落ち込む。中村さんが松下電器産業の社長を務めた２０００～２００６年は、このように日本経済の停滞がはっきりしてきた時代だった。

戦後の松下は、日本の高度経済成長の中で業績を伸ばし、家電の普及が一巡した１９８０年代にも「家庭用ビデオ」というお化け商品がけん引して拡大が続いた。「ナショナルショップ」と呼ばれる系列販売店が全国に張り巡らされ、この販売網のおかげで、業界に先駆けて新製品を出さなくても、追随商品を出せば一定の販売量が確保できた。

事業部制という経営スタイルもうまく機能し、１００以上の事業部がそれぞれ切磋琢磨して成長を目指した。商品が多少重なっていても、経済のパイが大きくなる中で、深刻な問題にはならなかった。かつて商品の重複を問題視する声に対して、幸之助さんが「ほっとけばよい。市場が決めてくれる」と言ったという有名な話がある。

ところが1990年代に入り、経済全体が停滞、企業間の競争も激しくなり、収益を上げるのが難しくなった。今からみれば大問題だが、当時の松下では連結業績がそれほど重要視されず、株主総会などでも主に単独業績を中心に報告していた。本体の単独業績が少し落ちかけても、関係会社や海外会社から配当を増やせば持ち直した。単独決算だけに注目していると見えにくいが、連結ベースの収益力は着実に落ちていた。グループ全体の経営実態が社内外で正しく認識されず、それが問題の本質を隠し、打つべき手を遅らせてしまったのである。

日本経済全体が停滞する時代に、あらためて成長企業、優良企業としての輝きを取り戻したい。そんな思いを込め、改革が動き出した。

聖域なき改革も「お金」がカギ
キャッシュフロー経営を徹底

2000年6月29日の株主総会で役員人事が承認され、その翌日の6月30日の総合朝会

―改革の概要―

「経営理念以外聖域は設けない、全て破壊する」

	破壊（20世紀型モデル）	創造（21世紀型モデル）
2001年	国内家電流通改革 雇用構造改革	モノづくり改革・セル生産
2002年	5社の100%子会社化 グループ事業再編	事業ドメイン別体制の構築、 IT戦略投資
2003年	ドメイン会社ごとの構造改革 拠点統廃合	新しい「しくみ」のスタート CCM・キャッシュフロー経営
2004年	松下電工　子会社化 松下リース・クレジット売却	電工コラボの推進 強い商品の連打
2006年	ユニバーサル・松下興産売却 CRT・海外携帯の構造改革	総資産圧縮・ネット資金改善

で、中村さんは早くもこんな発言をしている。

「重くて遅い企業を軽くて速い企業にする」

「超製造業を目指しＩＴ革新を推進する」

そして続く7月の役員セミナーでは、自分の好きな言葉であるピーター・ドラッカーの「すでに起こった未来（今やっていることが後世につながる）」を皆に紹介したあと、衰退する企業の特徴として次の四つを挙げた。すなわち、①傲慢、②自己満足、③内向き、④摩擦を恐れる――。これらすべてが当時の松下に当てはまっていた。

そのセミナーの締めくくりに、中村さんはこう述べた。

「経営理念にかかわること以外、タブーも聖域もない」

すべての人がかかわっていく改革への歩み

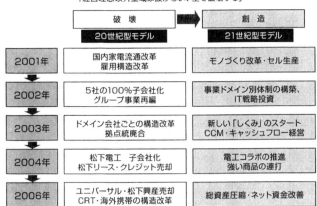

が始まったことを感じた。CFOとしての責任は大きい。プレッシャーは尋常ではなかった。

改革は、2001年度から本格的に動き出した。その前年の末頃、ITバブルが崩壊、業績が急降下し始めたタイミングである。

大規模な改革に臨むとき、社内でまず危機感や問題意識を共有することが極めて重要である。私は経理部門のトップとして、傘下の経理社員たちに変革に向けた覚悟を繰り返し求めた。

「松下グループを取り巻く環境はさらに厳しさを増しています。本年度、特に上半期は非常事態といっても過言ではありません。そうした中ですが本年度は『創世21計画』初年度として、真の事業体質改革に取り組まねばなりません」

2001年4月1日、新年度が始まって早々、経理社員向けに定期的に配信していたCFOメッセージ「春を待つ」に、私はこう書いた。

ITバブルの崩壊を受けて、2000年度の業績は後半から急速に悪化した。2001年度の見通しも大幅減益に変更せざるを得なくなった。携帯電話のクレーム発生に端を発し、急激なIT関連商品の市況悪化、半導体などのデバイスの急減速などが明らかになった。

そうした中で、「経理はいつも先を見て手を打つ羅針盤たれ」と訴えた。ＩＴ景気が急回復することは予測しにくく、原点に戻って、やるべき仕事をしっかりやるしかなかった。あらためて強調したのが、「資金は経理の責任」ということだった。

改革にはお金がかかる。改革が進むと資金は流出し始める。実際、人員のリストラを伴う雇用構造改革を打ち出した２００１年の半ば以降、資金ポジションは急速に悪化した。

私は具体例も挙げ、あらゆる手を打つことを徹底するように指示した。在庫の改善、ＰＳＩ（生産・販売・在庫）管理の徹底、回収の良化、支払条件の変更、遊休資産のキャッシュ化――。キャッシュが尽きたら、もちろん改革はそれ以上進められない。経営の先行きすら危うくなる。ＣＦＯとして「資金を守る」という覚悟を決め、経理社員には「キャッシュフロー重視の経営を！」と、これまで何度も言ってきたことをあらためて繰り返した。

危機にあたっては、経理部門も自らの世界に閉じこもるのではなく、危機打開を自らの仕事としてとらえることが求められる。私はＣＦＯとして、その方向に皆が目を向けるように努めた。

経理社員たちがそれぞれの持ち場できちんと仕事をしてくれた結果、経理の機能は乱れることなく、それが改革を進める土台になった。改革を断行する上で、お金の確保は何よりも重要である。

振り返れば新人時代、直属の上司で乾電池事業部長だった山本昌平さんに「嵐の中で経理という羅針盤は果たして機能するだろうか」と問いかけられたことがある。その後の会社人生で、この問いが私の頭にこびりついていた。ＣＦＯになり、実際に嵐のような厳しい経営環境に見舞われ、そこで苦しみ、様々な模索をする中で、私なりの答えを見出したように思う。嵐の中では、Ｐ／Ｌを多少犠牲にしてでもＢ／Ｓを優先せよ、ということである。何より資金、お金を守ること。その方向に会社という船を動かしてこそ、経理、そしてＣＦＯは羅針盤としての役割を果たせるのである。

2 リストラ効果を「成果」につなげる

――雇用構造改革・家電流通改革

改革を成功させるキーワードは四つある。

一つ目は「本質核心からやる」。

できるところからではなく、本丸から攻めるのである。

二つ目は「根こそぎやる」。

部分的にではなく、あらゆることを根本から変えることで企業風土そのものに変化が起こる。

三つ目は「一気呵成にやる」。

様々な軋轢があっても、やり切るにはスピードが肝心である。

四つ目は「エンパワーメント」（権限移譲）である。

破壊と創造を同時に進める以上、それぞれ誰に任せるか、誰にやらせるかが非常に重要になる。

問題の根幹、タブー視されていた領域に一気に切り込む。これが中村さんのやり方であった。2001年の家電流通改革であらためて、その姿勢を示した。

家電販売の本丸から着手
改革の本気度を示す

家電流通改革を進めると中村さんが言い出した時は、私自身も戸惑った。城でいえば本丸である。

「本当にそこから手をつけるのか」

「それは最後のテーマではないか」

社内からも、そんな声が聞こえてきた。

私が入社する前年の1964年、幸之助さんはあの有名な「熱海会談」において、経営環境が悪化したと訴える販売会社の社長らを前に、時には涙ぐみながらせつせつと協力を訴えた。成長の生命線として創業者がそれほど気を配った販売網にメスを入れるという。「聖域はない」と言ったのは本当なのだ。そんな認識が社内で一気に広まっていった。

同業他社と比べると、確かに流通コストは数％高かった。米国での流通を体験した中村さんからすれば、これでは熾烈な競争を戦えない、リーダーカンパニーとして立場を維持できない、と考えたのだろう。さっそく家電本部長を呼び、具体的な改革案を出すように指示を出した。

家電本部長は改革の答申書をまとめ、それを提出したところ、中村さんは簡単には納得しない。「目標に達していない」と言って突き返した。何回も提出したが、簡単には「Ｙｅｓ」とは言わなかった。本部長もずいぶん悩んだのだろう。はたから見ていても、かなり精神的にまいっている様子がうかがえた。

しかし、経営トップが「これくらいでいいか」と簡単に妥協してしまったら、組織はそれ以上、動かない。目標に到達するまで冷たく厳しい「ＮＯ」を貫くことで、トップとして改革への覚悟を示したのだろう。

家電本部長の案を元に、いろいろと議論を尽くし、「パナソニック」と「ナショナル」のブランド別にマーケティング本部を置くことから、国内家電流通改革は始まった。各事業部や営業本部にまたがっていた営業・宣伝機能をマーケティング本部に集約することになった。市場に直結する営業機能をブランド別に統合し、コストの削減を目指したのだ。

さらに販売会社の人員を削減、そして「天領」ともいえるピーク時２万７、０００店の小売店を8、000店に縮小していくことになった。できるところからやるのではなく、最も重要で中核の部分からやる。経営トップの本気度を目の当たりにし、CFOとしてそれを支える責任を強く感じた。

希望退職に1万3、000人
約6、000億円の資金が流出

「なぜ人をリストラしないのか」

IRでニューヨークやロンドンに行くと、しばしばこんな質問を受けた。日本的経営の特徴である終身雇用制度や企業内労働組合について一生懸命に説明しても、海外投資家にはなかなか通じない。幸之助さんは、かつて「モノを作る前に、人を作る会社である」と述べて、人を大事にする経営を訴えてきた。業績が低迷する中で、こうした伝統も理解が得られない状況になっていた。

雇用という聖域に踏み込んで、早期退職制度による人員削減を実施すると発表したのは、2001年7月だった。雇用に対する日本企業の考え方の変化を象徴する事例として、国内外で大きく報道された。

「松下、聖域に踏み込む　早期退職　来月から」

2001年8月1日付に掲載された日本経済新聞の記事の見出しである。

雇用構造改革は、「人材活用プログラム」「成長戦略プログラム」「特別ライフプラン支援」の三つで構成されていた。

人材活用プログラムでは、1万3,000人に及ぶ人員を高付加価値分野の仕事にシフトし、あわせて各人にスキルチェンジを求めて教育投資も実施した。成長戦略プログラムでは、事業構造転換に伴って、全社で6,000人を重点分野に配置転換した。

そして、特別ライフプラン支援が早期退職制度である。私はCFOの立場から、多額のキャッシュが必要になるこの制度の導入には反対だった。例えば50代半ばで退職する場合、60歳までの賃金の一定額を保障した上で、通常の退職金とさらに割増退職金も支払うことになる。準備するお金は大変な額になる。

何度も会議を重ねた結果、社長の思いは固く、早期退職制度の導入に踏み切ることになる。結局、希望退職は、国内グループ全体で約14万7,000人中、約1万3,000人に及んだ。

早期退職に伴って支払った金額は約6,000億円に上った。あっという間に資金がなくなり、かつては1兆円を超えたネット資金（現預金から有利子負債を差し引いたもの）も5,000億円を切った。瞬間的には1,000億円を切ることもあった。

ダム式経営を掲げ「松下銀行」とまで呼ばれた時期もあったのに、見る影もなくなった。2001年度は多額の赤字決算も重なり、このペースで資金が流出すると会社がつぶれるのではないかと本気で心配になり、恐怖感にも襲われた。

心身ともに疲れ果てたが、家電流通、雇用といった聖域に踏み込んでまで実施した改革を、何としても収益改善という成果につなげなければならない。CFOとしては、そんな思いが強かった。経理社員たちには、「リストラ効果を具体的な成果しよう」と何度も訴えた。

例えば、雇用構造改革によって固定費が削減されても、それらの効果がすべて製品の価格ダウンなどによって食われてしまっては意味がない。何のために構造改革をやったのかということになる。

そうならないように、利益管理、原価管理をきちんと進めなければならない。「経営は原価に宿る」の原点に戻って取り組む必要がある。

リストラ効果を経営の改善にどれだけ結びつけられるか、それを定量的に把握することが肝心である。傷みを伴う改革をやったが、その効果はいつのまにか消えてしまったとなると、社内の士気も下がり、投資家の懸念も深まる。リストラ策によって一時的に資金が減っても、リストラの効果が経営改善につながり、やがてキャッシュも回復するという道筋を具体的に示せるか。ＣＦＯの役割が問われることになる。

破壊だけでは、業績の回復はできない。だからこそ、破壊と創造は同時に進行させる必要がある。当時の松下において創造の核になったのが、付加価値の高い新製品だった。社内では「Ｖ商品」と呼んだ。競争が厳しい中で当時、家電製品の価格下落の影響額はすさまじく、年間数千億円規模に及んだ。これを吸収したのがＶ商品の「創造」だった。当時のＶ商品は普及し始めたばかりの薄型テレビやＤＶＤレコーダー、だれにも使いやすいユニバーサルデザインの「ななめドラム洗濯機」、環境に配慮した「省エネ・ノンフロン冷蔵庫」などだった。

雇用リストラに踏み切った翌年、２００２年度の営業損益が大きく改善し、Ｖ字回復を果たす。「つぶれるかもしれない」という恐怖感から解放され、改革の手ごたえをつかんだのは、この頃からだった。

3 「経理が橋渡しになる」
――事業構造改革

かつての松下電器において経営の根幹の一つにあったのが事業部制だった。事業部は、一つの会社と同じように経営に必要なすべての機能を持つ。事業部長は、いわば会社の社長と同様だった。全体としては大企業であっても、中小企業の集まりだったのである。経済が成長する時代には、それがうまく機能してきたのだ。

しかし、長い歴史の中で、AV（音響・映像）分野を中心に事業の重複が目立つようになった。電話やファックス、カーエレクトロニクスなども複数の事業部で手掛けていたし、電子白板などは四つの事業部で製造していた。事業の重複は売り上げ換算で7、000億円に達していた。

財務のスペシャリストの力を結集
グループ会社を大幅再編

グループとして経営資源が分散し、結果として競争力を失うことになっているのではないか。そんな問題意識から事業構造の見直しが議論されるようになった。とりわけ商品がアナログからデジタルに変わっていくと、開発部門の成果が事業の成否を握るようになる。R&D部門が分散・重複していては、グローバルなデジタル戦争の中で競争力を失うことは明らかだった。

こうした考えが事業部制の解体、グループ会社再編へとつながっていく。創業ほどない時期から伝統として続いてきた仕組みを変えるという大改革だった。

140もあった事業部を17のドメイン（分野）に括り直し、人の異動、商品の移管、拠点の統廃合を推進した。上場企業も含めたグループ再編も実施し、「松下通信工業」「松下電送システム」「松下精工」「九州松下電器」「松下寿電子工業」の5会社を2002年10月1日付で100%子会社にした。

この再編を巡っては、財務のスペシャリストらを十数人集めて3カ月ほどの突貫工事でやり遂げた。会社に缶詰になって、救急車を2回も呼ぶほどの過酷な作業だった。こうした事業構造改革により、商品重複はきれいになくなった。

どんなプロジェクトでも、だらだらと続くと従業員のモラールは下がってしまう。とりわけ事業構造改革は、外部にもれないようスピード勝負になるケースが多い。ＣＦＯは、財務や会計、法務などのプロフェッショナルを適材適所で配置する役割が求められる。いざという時にどう動くか、日頃から様々なシミュレーションをしておくべきだろう。

そしてタイミングも重要である。５社の完全子会社化の際には上場企業の一つであった「松下通信」の株価が、携帯電話の低迷などで大きく落ち込んでいた。だからこそ、実現できたことでもあった。株価の高い子会社は俗に親不孝株と言われる。株価が高いと完全子会社化の際に多額ののれん代が発生し、損益に大きな負担になるからだ。タイミングを逃さずに機動的に動くことは、グループ再編の大きなカギになる。

松下電工をＴＯＢで傘下に痛みを分かり強みを生かす

まさか実現するとは思わなかった。松下電工は、兄弟会社として別格の位置づけで、根は一緒だが別々の企業として存続してきた。その松下電工に２００４年、株式公開買い付け（ＴＯＢ）を実施し、連結子会社化した。「電工抜きでグループ戦略はあり得ない」という判断だった。

松下電工の本社は、国道1号線をはさんで向かい合った場所にある。2003年、中村さんのほうから乗り込んでいってTOBをかけると通告した。グループ再編の一環で、整理整頓しないと、ガバナンスが効かない。松下電工も例外ではない。中村さんには、そんな思いが強かった。

同年12月、年の瀬も押し迫った頃に松下電工へのTOBが正式に発表された。その発表の翌日、電工の社員、そして家族の人たちが敗北感を持ったら、うまくいかないと思い、経理社員にはこう訴えた。

「相手の痛みが分からなければいけない。経理がお互いの懸け橋になろう」

TOBという単語には、どこか冷たい響きがある。実際には松下電工側も賛同した上で実施したのだが、一般には資本の論理でねじ伏せるような印象があった。それがTOBをされた側の社員のモラールに影響してはいけない。グループの再編、M&Aなどでは、CFOとしてもこの点に十分に気を配る必要がある。

双方の長所を生かして、WIN-WINの関係にしなければならない。その時に大事なのはお互いを尊重する心と深い対話であろう。

松下電工へのTOBは一気に進んだ。2004年3月末には株式の51%を確保し、4月1日から新ドメインとしてスタートした。私は当時、松下電工の監査役という立場にあり、法的な制約があって、ＴＯＢの実務においてはなかなか表に出られなかったが、再編後は、とにかく互いにコミュニケーションをとることに腐心した（なお、松下電工は後にパナソニック電工に社名を変更、２０１１年にパナソニックの完全子会社となり、翌１２年には吸収合併された）。

4 バランスシート改革に総力
――負の遺産を処理

「後輩に負の遺産は引き継がない」

それが改革の合言葉だった。そのために心血を捧げて取り組んだのがバランスシート（B／S）の改革である。CFOとして半分以上をこのB／S改革、とりわけ負の遺産の処理に費やしたといってもよい。

損益計算書（P／L）から生まれるのは経営の改善であり、真の改革はB／Sから生まれる。このことは何度でも強調しておきたい。企業の長期的な成長を導くのはB／Sである。資産が痛んでいたり、不稼働で価値を生み出さなかったりしたら、後々、成長の足を引っ張る。ここに禍根を残さないことは、CFOにとっての最大の責務であるといってもよい。

年金資産、1兆円の不足　法改正・株高に救われる

Ｂ／Ｓ改革に本格的に乗り出そうという時に、思わぬ難関として立ちはだかったのが、年金の積み立て不足問題だった。景気の低迷で金利が低下し、株式相場の下落も響いて運用が悪化、将来の支払いに必要な年金資産を確保できない見通しになってきたのだ。

その積み立て不足額は、２００２年３月期に約６、９００億円、２００３年３月期に約1兆円に達した。不足分は、会社が穴埋めする必要がある。1兆円という積み立て不足とはどんな金額なのか。

退職給付会計では、従業員の平均残存勤務年数である15年間で積み立て不足を解消しなければならない。年間のコストは７００億円にも達する。これは恐ろしいことである。年金債務問題は日本の上場企業に共通する課題だったが、当時の松下は赤字を何とか脱して、ようやく経営が上向き始めた段階である。毎年７００億円のコストを計上できる状況ではなかった。

この問題が解決できないと、破壊と創造の構造改革の行方も危うくなりかねない。経理部門と人事部門でプロジェクトチームをつくって対策を検討し、年金制度の抜本的な見直しなどの対応を進めた。全社的に問題を共有し、経理と人事が一体となって努力したこと

が問題を解決に導いていった。

そして大きな手助けになったのが、「代行部分の返上」だった。代行部分とは、国の厚生年金の一部を企業の年金基金が代わりに管理・運用・給付をするもので、運用の環境がよい場合はメリットになるが、環境が悪い場合は負担になる。

この代行部分の返上が法改正によって可能になったのだ。他社とも連携し経済界として要望してきたのが実った形である。新たな法律に従って2003年6月に代行部分の将来分を返上、同年10月には過去分も返上し、これで代行部分のない企業年金基金となった。

株式相場の回復による運用利回りの改善も追い風だった。2003年の前半に一時、7600円台まで下がった日経平均株価は、5月ごろから回復に向かい、年末には1万円台に乗せた。その後も05年末に1万6000円台、06年末に1万7000円台まで上昇した。

代行返上に加えて、運用環境の改善が寄与し、年金の積み立て不足は解消に向かう。2005年3月末には積み立て不足が1、527億円に縮小、06年3月末には316億円のプラス（積み立て余剰）となり、年金問題を奇跡的に解決することができた。

問題の解決に向けて、もちろん我々は努力をしたが、これぱかりは運に助けられた面が大きい、と言うしかない。企業の構造改革の成否は、マクロ経済や政策の動向にも左右される。それも一つの事実である。私は常々、人生は「運と縁」と言ってきたが、それを実感した。

年金問題を巡る教訓をあえて挙げるとすれば、ＣＦＯは複雑な会計問題をわかりやすく伝える努力が求められる、ということだろうか。

年金の積み立て不足について最初に聞いた時は、経理を長くやっていた私も意味がよく分からなかった。それを経営トップはじめ経営者層に理解してもらうのは極めて難しかった。しかし理解を得られないと、会社としてバックアップもしてもらえない。「難しいことをやさしく」は私が大事にしてきたことの一つだが、この時はまさにＣＦＯとして、やさしく伝える力が問われた。

「総資産を１兆円減らせ」
高い目標が問題あぶりだす

「そんなに多額の資産がありながら、わずかな利益しか出せないのはなぜなのか」

ＩＲの場などでは何度もそんな指摘をされてきた。「重くて遅い会社」という汚名を返上するために、目標として中村さんが「総資産の１兆円圧縮」を打ち出した。２００１年３月末に約８兆１、５００億円あった総資産を１兆円減らそう、というわけである。

まず取り組んだのが、在庫の圧縮である。在庫は「罪庫」と、私は常々言ってきた。滞留すると安値販売のもとになり、採算を悪化させる要因にもなる。次の商品もなかなか市場に出しにくくなる。

在庫を減らせば需要変動に対応しやすくなるが、効果はそれだけにとどまらない。無駄な資産を減らすことで現金を捻出し、成長分野に資金を投入できるという効果もある。厳しい競争に勝ち抜くためには、機動的な財務力は大きな武器になる。

CFOは、「在庫を減らせ」と号令をかけるだけでなく、生産工程の物流まであらゆる部門で合理化、効率化を進め、全体としてリードタイムを縮めるような取り組みを進める必要がある。そのためには小手先の対応ではなく、経営革新が求められる。

そうした共通認識を、新たに連結対象になった会社、海外現地法人も含めて、グループ全体に広げていった。常務会や幹部会などを通じてトップの方針として伝え、現場への浸透を促した。

グループを挙げての取り組みの成果で、3年間に4、000億円の資産圧縮につなげることができた。

それ以外にも、遊休土地建物の売却や滞留資産の整理、拠点の統廃合など、あらゆる対応を進めた。B/Sの勘定項目ごとに一つ一つ細かく精査し、対応を進めた。

「松下電工」の子会社化の影響もあって、表面上の数字では総資産は膨らんだが、実質的には4年間で1兆1、000億円を減らした。B／Sのスリム化で、重くて遅いといわれる状況は改善に向かった。

ムダな資産が減り、ネット資金が積み上がれば、自社株買いなど資本政策の自由度が増すほか、設備投資やM＆A（企業の合併・買収）など攻めの経営に転じる際の原資にもなりうる。

グローバル競争においては、機動的に資金を投入できるかが大きなカギになる。この時は、「1兆円の圧縮」という大目標を掲げたのが大きかったように思う。この目標を達成するために、これまで放置されてきた問題があぶりだされ、全面的に見直そうとする機運が高まった。

「1兆円」という数字をなぜ中村さんが持ち出したのかは不明だが、今振り返っても絶妙な目標設定だったように思う。会社を大きく動かすには、象徴的な数字で、かつ実現可能な目標をトップが打ち出すことが極めて有効である。

バブル期の後始末に着手
懸案の金融事業も売却

B／Sのスリム化の決定打の一つになったのが、「松下リース・クレジット」の改革だった。

この会社の前身は「ナショナルリース」というノンバンクで、かつてのバブル崩壊期、十分な担保を押さえないままに料亭の女将に巨額融資を続けるという、世間に対して大変申し訳ない事件を起こした。それを整理したあと、「松下クレジット」と合併し「松下リース・クレジット」となって存続していた。

こうした本業との関係の薄い金融子会社を抱える必要があるのかという議論は昔からあったが、そのまま手をつけることなく、10年以上にわたって温存されてきた。

資金を多く使うわりに利益は少なく、こうした金融子会社を保有するのはもはや意味がなかった。グローバル競争に勝ち抜くためには、同社に投下されている経営資源を本業に投入した方がいい。そういう結論に達し、売却先を模索することにした。大赤字やリストラ費用などで資金が減り、何とかキャッシュを確保したいという思いも強かった。

ちょうど金融機関も事業整理が一巡し、一部では拡大を模索している時期だった。その中で住友信託銀行（現 三井住友信託銀行）が相手先として浮上した。「リースは欲しいがクレジットはいらない」「人員は引き取れない」という金融機関が多かった中で、そのまま引き受けるという条件を示してきた同行と交渉が進んだ。

ＣＦＯとして全権限を与えられて交渉にあたった。先方の銀行の専務と二人で腹を割って話し合いを続けた。税務面など複雑な問題をクリアし、保有株の約60％を譲渡することで合意した。

保有株の売却によって手元資金も膨らんだ上、連結子会社ではなくなるためグループとして有利子負債を減らす効果もあった。

米ＭＣＡの最終処理
単独では多額の損失が発生

これも長年の課題だった米映画会社のＭＣＡの最終処理にも手をつけた。ＭＣＡを買収したのは１９９０年である。買収金額は61億3、０００万ドル（当時の為替レートで約7、８００億円）だった。

米ユニバーサル映画を傘下に抱え、「ジュラシック・パーク」などが大ヒットしたが、その後の業績は伸び悩み、経営陣同士の方針もうまくかみ合わなかった。結局、１９９５年にカナダの大手飲料会社、シーグラムに持ち株の80％を売却、わずか5年間でエンターテインメント事業から撤退した。

この問題はこれで決着したと世間では思われていたが、会計上は１００％を売却しないと投資勘定は消えない。20％分の処理がずっと懸案としてあった。米国に子会社を設立し、そこからＭＣＡに出資していたのだが、日本から子会社に送金した50億ドルがそのままバランスシートに残っていたのである。

この問題にも取り組むことになった。ところが、１００％売却した時に、単独決算では大きな損失が発生する。そのため先送りしようという声も出たが、「後輩に負の遺産は引き継がない」という基本方針に従って、売却に踏み切ることに決まった。

単独決算では損失が出るが、連結決算ではすでに損失を処理しており影響はない。決算発表や株主総会では、ＣＦＯがきちんとそれを説明すれば混乱はない。そんな覚悟を決めて、処理に動き出した。買収した当時の責任者、実務担当者などはすでに会社にはおらず、契約解消に伴う諸手続き、税務、会計、資金移動など様々な複雑な問題があった。社内のプロフェッショナルの人たちの努力のおかげで、２００６年2月、仏ビベンディ・ユニバーサルに売却できた。１９９０年11月の買収から約15年間続いたＭＣＡとの資本関係を完全に解消できた。

映画事業から撤退すると、米国にあるドル預金は事業資金ではなくなるため、決算期末ごとに為替の評価損益を計上しなければならなくなる。場合によっては、思わぬ損失になりかねない。そのため為替予約しながら何回かに分けて日本に持ち帰った。

海外のM&Aにかかわる取引、交渉では思わぬことが起こる。ポイントやタイミングを外さずに、全体を把握しながら確実に処理を進めていく必要がある。CFOは、経理・財務のプロフェッショナルの総力を結集しながら、リーダーとしてその都度、何を優先してやるべきか適格に判断をすることが求められる。

私がCFOとして傘下の経理社員たちに常々言ってきたのが、「B/Sに禍根を残さないようにしよう」ということである。B/Sの禍根を残すと後々、経営の足かせになる可能性が高い。収益へのこだわりとともに、資産を徹底して精査する必要性をあらためて強調しておきたい。

これら長年の懸案に次から次へと手をつけていく中で、最大の難関にも挑むことになる。

5　原理原則を貫く
——最大の難関の「松下興産問題」

「松下興産」の処理問題は、私がCFOとして最も苦しみ悩んで取り組んだ仕事と言えるかもしれない。創業家がかかわる微妙な問題である。大げさではなく、私にとって「人生最大の危機」と言ってもよかった。

創業家が営む不動産・観光業
バブル崩壊で多額の負債

創業者の幸之助さんが1952年、わが国の景観美を生かし「観光立国」を実現しようと提唱し設立したのが「松下興産」だった。不動産業と観光事業を目的にした会社で、経営権は創業家にあった。1983年まで幸之助さん自身が社長を務めていた。会社としては経営に全く関与しておらず、あくまで創業家が主導する会社だった。

土地バブルの中でリゾート開発などのデベロッパー事業を拡大してきたが、1990年代に入りバブルが崩壊、一気に経営が悪化した。経営状態をあらためて確認すると、取引銀行が住友銀行一行から20行にまで増えており、約7、600億円もの借金を抱えていたことが分かった。

土地を売って借金が返済できれば問題ないのだが、バブルの崩壊でその土地の価格が2分の1とか3分の1まで下がっており、借金を返済するには全く不十分だった。

本業とは関係の薄い不動産事業だが、約30％の株式を保有しているため、世の中では松下グループの会社と見られていた。聖域なき改革という以上、松下興産の問題は避けて通れなかった。

経営の再建に向けて、松下は創業家とともに500億円の資本を注入した。しかし、ここで会計士から「これ以上はお金を入れてはいけない」と警告が来た。米SECの会計基準では、「そんなに重要な会社であれば連結化しろ」となる可能性があるというのである。連結対象になれば、親会社として経営に対する監督責任を問われる。場合によっては、責任追及が経営トップにまで及ぶ懸念があった。

そして何より、松下興産が連結対象になってしまうと、グループの有利子負債は一気に増える。そうなると、全社をあげてせっかく進めたB／S改革も大きく後退してしまう。

とはいえ、そのまま放置して経営破たんすれば、それも影響が大きい。幸之助さんが始めた創業家の肝煎りの会社である。「松下とは関係ありません」と言っても世間は納得しないだろう。社会的に非難を浴びるのは避けられない。

果たしてどう対処すべきか。興産問題で責任を担っていた私は悩み、眠れぬ夜を過ごした。マスコミが連日、家にやってきて「松下興産はどうなりますか」と聞かれる。ベッドに入ると「興産、興産、興産・・・」という叫び声が聞こえてくるような気がして、睡眠薬に頼らないと眠れなくなった。親しい同僚はすでに退職しており、社内に相談する相手はいなかった。弱い立場になった時、会社は冷たく怖い存在に映る。

創業家がからむ案件とはいえ、やはり原則はゆがめられない。どんな複雑な事情を抱えた特別なケースであっても、CFOとしては原理・原則を貫く心構えが必要である。そこが揺らぐと「経理の乱れ」にもつながり、そうなると、やがて経営そのものが乱れてしまう。

適法性、経済合理性、株主の利益、経営戦略との整合性などの基準に照らして、正しい道がどうか。判断に迷った時、こうした点に着目しながら、冷静に判断をすることが求められる。

結局、会社として「適法性や経済的合理性の裏付けが可能で、株主への説明責任が果たせ、SEC基準による連結決算に影響が生じないこと」という基本スタンスを社内で固めた。つまり、松下興産には、これ以上のお金をつぎ込まないという方針を決めたのである。

さっそく銀行に行って「もうお金は入れません」と宣言した。すると案の定、「川上さん、あなたはレピュテーションリスク（企業の評判を傷つける恐れ）を分かっていないのですか」と一喝された。お金を入れずに破たんした場合には、松下本体にも社会的な非難が及びかねないというわけである。

問題解決を導いた出会い
元ラグビー選手と真剣勝負

そんな時、メインバンクの三井住友銀行の大阪本店営業本部に宿澤広朗さんが赴任してきた。2004年のことである。当時の西川善文頭取の命を受けて、宿澤さんが松下興産問題の特命担当となった。

2005年の1月から、三井住友銀行との本格交渉が始まる。

宿澤さんは日本を代表する有名なラグビー選手で、日本代表の監督も務めた人であるが、そのことを不覚にも私は知らなかった。銀行マンとしては、彼が動くと相場が動くと言われたほどのマーケットのプロだった。

彼との交渉を進めるうちに、スポーツマン独特のさわやかさを感じ、この人ならすべてを話してよいのではないか、と思うようになった。松下興産について、私自身が抱え込んでいることを全部話した。

会社同士の真剣勝負の中で手の内をさらすのは負け戦に通ずるが、そうせざるをえない状況でもあった。私の話を彼はじっと聞いてくれた。謙虚さ、真剣さ、見識、そして何より人柄に引き込まれた。

名うてのバンカーとして手強い存在だったが、私にも松下の経理出身、CFOというプライドがあった。こういう正念場になると、それまでの経験、そこで培った知識やスキルを元に、自分のすべてをさらけ出して勝負するしかない。

実際のやり取りについて、その内容の詳細を明らかにすることはできないが、二人の対話の中で突破口が見えてきた。

大筋について彼と直接議論し、詳細の詰めをそれぞれ部下に任せる。それでも誤解が生まれそうになると、携帯電話で彼と話を詰めた。

交渉は難航したが結局、2005年春、会社分割方式で再建に取り組むことで銀行側と合意、新会社を設立して松下興産の主要事業を移転し、その新会社に米国系の投資会社が出資することに決まった。

同時に、金融機関がかなりの額の債権を放棄した。当時、金融庁が銀行に対して不良債権の処理を急ぐよう強く要請しており、この当局の動きも問題解決を後押ししたようだ。

新会社の経営権は投資会社に移管され、グループから完全に離脱することになった。こうして、興産問題は収束した。結局、幸之助さんがつくった松下興産という会社は、事実上消滅することになる。

ＣＦＯとして最大の危機ともいえるこの問題の解決プロセスを通じて、様々なことを学んだ。

こうした込み入った問題の場合は、社内外の専門家の力も借りて、まず客観的な状況を正しく把握することが肝心である。

交渉の過程では激しいやり取り、攻防がある。銀行から「産業再生機構に持ち込むことも考えたい」と言われた時には一瞬、焦った。事実上、国の管理下に松下興産を置くということである。これまでの経営責任が問われ、それが松下本体にも及ぶ懸念がある。

しかし、独自のルートで専門家らの話を聞くと、「現在の産業再生機構にはそんな余裕はない」とのことだった。こうした客観的な状況を的確に把握しているか否かが、交渉の行方を左右することもある。

最終的な合意に導く際にカギになるのは、やはり交渉相手のキーマンとの信頼関係であろう。すべてをさらけ出せる相手を見つけ、互いに心を開いた率直な話し合いができるようになれば、何かの拍子に交渉が進み始め、突破口が開くことがある。

創業家の案件とはいえ原則を外すことはできない、と考えた最初の決断も終わってみればよい方向に進んだ。

この松下興産問題でも、「運と縁」を実感した。金融庁の要請、銀行の動きなど世の中の潮流の中で「運」に恵まれたのは確かである。そして、宿澤さんと出会えたのは、本当に大きな「縁」であった。

それから1年後の2006年6月、宿澤さんは山登りの途中で、心筋梗塞で急死する。55歳の若さだった。

その直後に経理社員に配信したCFOメッセージ「春を待つ」で、私は次のように書いた。

「三井住友銀行の代表としての彼と、本当に真剣勝負をした。とてもすさまじい時間であったが、彼にはいつもどこかに爽やかさがあった。

そのパーソナリティのおかげで、私も全てをぶつけて戦えた。

お互いトップの決断の中で、多くのことを巻き込みながら興産の処理は、2年半の時間をかけて決着した。
彼がいなかったら、今の松下の姿はなかったかもしれない。
悔しくて、無念なお別れである」

6 最大の抵抗勢力は自分自身
――経理システムの改革

長く続いてきた物事を根本的に変える際、必ず大きな抵抗がある。

「経理の仕組みが変わらないと会社は変わらない」

社長の中村さんにそう言われた時、私自身の心の中で強い抵抗感があった。先輩たちからは常々、「松下は経理でもってきた。会社の憲法と言えるものだ。それを壊してはいけない。君の仕事はそれを守り続けることだ」と言われてきた。

1965年からほぼ経理一筋の会社生活を送ってきた私自身も、そう考えてきた。

企業には、それぞれ独自の経営管理の仕組みがあり、長く根付いてきた制度がある。とりわけ松下の経理制度は、「経理は経営管理」という思想に基づいて、これまで長く有効に機能してきた。部分的な修正はあっても、抜本的な変更が加えられることはなかった。

ところが、「経営理念以外に聖域なし」という方針を掲げ、これまで全く触れられずにきた領域においても改革が進んでいく様子を見ていると、経理もいつまでもこのままでよいとは思えなくなった。

「グローバル」「フェア」「オープン」経理の仕組み改革に三つの原則

では、どう変えるか。まず、私が考えたのは三つのキーワードだった。「グローバル」「フェア」「オープン」である。

「グローバル」――当時、成長に向けて会社が目指す方向は明らかにグローバルだった。これまですべてが日本中心だった考え方の軸を根本から変える必要があった。

「フェア」――会社生活において、自分自身が矛盾を感じていた仕組みや制度などは数多くあった。こうした矛盾を見直して、より公平なものにしよう。そう考えた。

「オープン」――何事も「見える化」が大切だとずっと感じていた。ところが本社や本部だけが分かっていて、皆には知らされていないことも多い。創業者が全員経営を掲げ、常に会社の現状を数字で皆に分かるように説明し、課題を共有しながら進んできた会社である。それならば、事業評価なども定量化、「見える化」をして、公表できるようになればよいと考えた。

この三つの大きな基本方針を掲げた上で、経理社員の中から若手を選抜し、彼らにアイデアを出すように頼んだ。これまでの経理システムを現状にあわせて抜本的に変えてほしいとお願いしたのだ。期間は3カ月間と限定した。2002年半ばのことである。

なぜ若手にそのような仕事を任せたのか。

当時、多額の赤字を計上、リストラ費用などで資金も少なくなっており、正直に言って、その頃の私には経理システムの改革に挑戦する余裕もアイデアもなかった。

もちろん、そんな消極的な理由だけではない。これまで皆が当然と感じ、疑うこともなく続いてきた仕組みを変えるのは、やはり若い人の斬新な発想とエネルギーではないだろうか。固定観念にとらわれずに新しいアイデアを出してこそ変革を起こせる。そう考えたのだ。

中間報告を聞いてみると、稚拙な点も多かった。「なんでこんなものが出てくるんだ」とも思ったこともあったが、ここで彼らを頭ごなしに否定すると、プロジェクト自体がつぶれてしまう。口をはさむのをぐっと我慢して、彼らの活動を静かに見守ることにした。

若い人たちが出してきた山ほどのアイデアを、部長クラスも加わって選別・検証し、組織的な交渉も重ねて、徐々に改革案として磨いていった。そうして「経理の仕組み改革」の概要が固まってきた。

改革のすべてを詳細に解説することはとても無理なので、ここではその核心部分だけを紹介したい。

まず「グローバル」の事例では、海外の現地法人への出資基準を見直した。従来の制度では伝統的に本社が4割、事業部が6割を出資していた。どちらに経営責任があるのかが分かりにくく、中途半端な仕組みになっていたのだ。そのため複数の事業部の商品・事業を手掛けているような「複品会社」の場合は、マネジメントが極めて複雑になっていた。

新しい制度では、新ドメインが100％出資するようにした。ドメインがお金をまず本社に「預託出資」という形で預け、それを本社は地域本部に出資、そして海外の会社に回す。お金が海外に届くまでに本社を経由するものの、あくまでドメインが経営責任をすべて持つ形にしたのである。「複品会社」の場合は、それぞれ商品・事業ごとにP／L、B／Sを分割して、それぞれのドメインと連結するようにした。

これによって、各ドメインが自らの権限と責任で独自のグローバル化戦略を進められるようになった。

「フェア」の事例では、本社費という形で各部門から集める賦課制を変更したことが挙げられる。以前は、各事業部が売り上げの約３％を本社に支払った。これを賦課比率と呼び、売り上げが増えると本社費も増えるという変動方式だった。これを定額方式に変えた。売り上げに関係なく、それぞれ決められた金額を支払うようにしたのである。業績拡大によって得た収益が、事業組織に蓄積しやすい仕組みにした。

「オープン」に該当するのが、業績評価制度の変更である。

「ＣＣＭ」と「キャッシュフロー」、この二つにしぼってドメインの業績を評価するようにしたのだ。満点を１００点とすると、ＣＣＭが50点、キャッシュフローが50点とした。徹底した簡素化と集中である。ＣＣＭは第2章で詳しく説明したが、「キャピタル・コスト・マネジメント」の略で、事業利益から資本コスト（投下資産コスト）を差し引いた値である。

これまでの評価基準では、収益性が30点と最も大きく、ＣＣＭは10点、キャッシュフローが10点、在庫が10点、環境経営が10点、成長性が20点、品質ロスが10点となっていた。

ＣＣＭとキャッシュフローを前面に出すことで、目指すべき方向性もはっきりさせた。収益性がいくらよくても、キャッシュフローが伴っていないと評価はされない。資本コストを上回る利益を上げていなければＣＣＭはマイナスになり、これも評価されない。

外からみても分かりやすい指標で事業を評価し、経営の結果責任も明確にした。それとともに、報酬制度との連携も強めた。

こうした改革は外からみると細かい変更に見えるかもしれないが、長く会社にいて以前からあった制度に慣れ親しんでいる人からすると、極めて大きな仕組みの変更と受け止められたようである。

当時の川口経理部長が中心になって「ＣＣＭとキャッシュフロー経営」という冊子をつくり、幹部クラスに配布した。現場で徹底的に勉強してもらい、新たな「お金大事の経営」をグループに広く浸透させていった。

仕組みを変えると意識が変わる 若手の斬新な発想で抜本改革

改革を進めるというプロセスにおいて、まず重要になるのは、やはり「仕組みを変える」ということである。仕組みが変わると、人々の「意識が変わる」。そして「行動が変わる」。それによって「結果が変わる」。こうした事例を数多く見てきた。

会社を変えようと思ったら、仕組みを変えることから始める。ＣＦＯとして改革にかかわる際にも、そうした心がけが肝心だろう。

この経理の仕組み改革を通じて、ＣＦＯとして私が学んだことは極めて大きかった。これまで長く定着してきた制度や仕組みを変えようとすると、必ず抵抗がある。そして改革の対象となるテーマが大きければ大きいほど、その抵抗も大きくなる傾向がある。

この経理システムを変える際にも、ＯＢからの批判なども含めて様々な抵抗があった。だが、振り返って考えてみると、最大の抵抗勢力は他でもない私自身だった。若手社員が出してきたアイデア、提案に対して、自分の中の古い考えのまま何度も口を挟もうとした。

「自分自身が抵抗勢力になっていないか」

抜本的な構造改革に臨む際には、折に触れて自問自答することが欠かせない。自分自身が変わるという覚悟を決めなければ、会社を変えることは難しい。

そしてもう一つ、この時の経験から得た貴重な知恵だが、物事を根本から変える際、そのアイデアやエネルギーは若い人にこそある。あと数年で会社を去る人よりも、これから何十年も会社にいて仕事をする人に改革の主導権を任せた方がうまくいくのではないか。あらためて、そんな学びを得たように思う。

米企業改革法をきっかけに経理規程を全面的に改定

こうした経理の仕組み改革とは別に、経理・財務の基本方針を定めた「経理規程」の改訂にも取り組んだ。当時の米企業改革法（いわゆるSOX法）の要請に従って、監査の強化など不正防止のためにより実践的な項目を盛り込む必要があったためだ。

パナソニックの経理規程は、大番頭の高橋荒太郎さんが1936年12月に策定した経理事務処理準則が原型となっている。前年の1935年に個人経営から株式会社に変更されたのを機に、合理的で近代的な経理制度を確立することを目的に制定された。

戦後の1951年に、名前を「経理規程」と改めた。「自己資金中心主義」「最悪の事態に備える」などの基本理念を示しており、経理の規程にとどまらず、経営の「憲法」といえるものである。

その経理規程を変更するきっかけになった米SOX法は、エンロン事件などの会計不正を受けて2002年夏に成立した。

当時の松下のように、米国市場に上場する外国の企業に対しても適用され、財務情報の作成過程で不正や間違いが起こらないための社内の仕組みを2006年までに確立するよう求められた（その後、2013年に米国上場を廃止）。

時間はあまりない。とにかく速やかに動こうと考えた。社内で勉強会が発足したのは、SOX法が成立した2カ月後の2002年9月である。翌03年6月には社内で「企業改革法対応プロジェクト」を設け、監査法人ともコンサルティング契約を結び、対応を検討していった。

その過程で、経理規程の見直しが必要になると判断した。新たな経理規程では、内部監査のルールを設けて事業部門ごとの監査体制や監査の独立性を確保することを明記した。不正や間違いの防止に向けた、より実践的なものに変えたわけである。

新経理規程を基にチェックシートを作成し、これを活用することで企業改革法の要請に応えるようにした。

こうした対応に伴う労力、コスト負担は小さくない。それでも企業の取り組みに資本市場の注目が集まっている。そうである以上、「米企業改革法が求める以上の体制を整えよう」と考えた。前向きに取り組むことで、資本市場の評価に結びつけたい、という気持ちだった。

これを機に、グローバル化への対応も進めた。法律の求めに応じた改訂だけでなく、全面的に改訂して、2005年に「グローバル経理規程」を作成した。英語、中国語、タイ語、マレーシア語、スペイン語など、主要各国の言語にして再編成し、全世界に幅広く浸透させていった。

経営を取り巻くルールが変わり、思わぬ負担を迫られることはたびたびある。最近では、人的資本、気候変動リスクに関しての情報開示などが求められている。こうした時に重要なのは、受け止め方である。経理などの実務部門にとっては大変な作業になるが、CFOは腹を決めて、それをきっかけに抜本的な改革、市場の評価につなげるようにしたい。

SOX法についてもそうだった。最初、私は何故このようなことをやる必要があるのかと疑問に感じたが、やがて業務革新のチャンス、と前向きにとらえるようにした。独自の仕組みをつくるきっかけと考えれば、会社を挙げての対応は改革の好機にもなりうる。


振り返ると本当に嵐のような構造改革であり、よく5年間ほどの期間にあれほどのことができたと思う。だが、構造改革は一度やって終わりではない。これで完成ということもない。環境の変化に合わせて、改革を続けていく必要がある。中村さんも社長時代、「構造改革を常態化したい」とよく言っていた。

2008年のリーマン・ショック、2011年の東日本大震災、2020年の新型コロナウイルス禍など、日本企業はその後も様々な困難に見舞われた。「構造改革の常態化」の必要性をあらためて実感する。

＊　＊　＊

第４章では、ＣＦＯ時代に心血を注いで取り組んだＩＲ（投資家向け広報）について、述べていきたい。

第４章　市場・社会との対話

――ＩＲの取り組み

資本市場に向き合い、正しい評価を得ることは、CFOにとって最も重要な仕事の一つであると私は考えている。IRで成果を上げるにはどうすればよいか。

この章では、私の経験を振り返りながら解説したい。

経理部長までの経験の延長ではとても歯が立たない、と思ったのがＩＲ（Investor Relations）、投資家向け広報である。企業が株主や投資家に対し、業績や財務状況、経営戦略、今後の見通しなど投資の判断に必要な情報を提供していく活動全般を指す。

ＩＲのミーティングだけではなく、四半期ごとの決算発表、年1回の経営方針発表会などではマスコミの記者や投資家・アナリストらと向き合い、そして株主総会では株主と対話をする。それぞれの場面において、外部との媒介役としてのＣＦＯの役割は極めて大きい。

ＩＲで何をどう語ればよいか。こうあるべきだ、と一概に言うのはなかなか難しい。大先輩である初代ＣＦＯの高橋荒太郎さんは、ＩＲの場で数字のことなど何も話さずに、せつせつと経営理念を語り、それが見事なストーリーになったという。参加者も皆、満足して帰ったそうだから、さすが役者が違うと言うべきだろうか。

そういうやり方は現在では受け入れられないかもしれないが、少なくとも数字だけを淡々と読み上げるだけの説明に終始するのは避けるべきだろう。投資家らがどんな情報を求めているかを的確に把握して、分かりやすく、できれば心に響く形で伝えるようにしたい。

大切なのは、一方的に情報提供するだけでなく、参加者からの指摘に耳を傾け、有意義な対話にすることである。

ＩＲの場で投資家らと意見交換し、それを通じてお互いの理解を深めてこそ、資本市場から正当な評価を得られる。今の日本企業にとって、最も求められていることかもしれない。

ＩＲをより有効なものにするために、私が考えるポイントは、大きく三つある。

一つ目は、トップの関与である。

ＩＲの場に経営トップが出席してこそ投資家らとの対話が深まる。投資家やアナリストは、トップがどんな人物で、何を考えているのか、企業を率いる力があるか、などを厳しく見極めようとしている。

二つ目は、全社的なＩＲ体制の整備である。

専任部署だけでなく、他の部署、現場も巻き込む形でＩＲに対応できるような体制が望ましいだろう。各事業部のトップなど、日頃は資本市場と縁遠い人もＩＲの場に参加できればなおよい。

三つ目は、自分自身を磨くことである。

名うての投資家、アナリストたちと渡り合うには、やはり専門知識が欠かせない。私はＣＦＯになってから、専門家にお願いしてバランスシートの分析法やＩＲのあり方などについて基本から勉強をし直した。

もう一つ付け加えるなら、本番に向けた準備の徹底である。

事前に質問を想定し、予行演習を繰り返す。投資家はどんな関心があるか、事前にヒアリングもできればよいだろう。こうした事前の準備は、チームとして組織的にやることが重要である。

ＩＲで成果を上げるにはどうすればよいか、この章では私の経験を振り返りながら解説したい。

1 経営トップの関与で対話に深み

「IRショック」で株価急落
経理部長時代の苦い思い出

私にとってのIRはマイナスからのスタートだった、と言ってよいかもしれない。CFOになる直前の経理部長時代に、忘れられない苦い思い出がある。

2000年5月11日、前日に1999年度の決算を発表したばかりの松下の株価が大きく下げた。この急落の理由について、ある雑誌が「IRショック」と指摘した。その記事は概ね次のような内容だった。

「松下はその日（11日）、東京でIR説明会を開いていたが、社長はおろか役員すら出席せず、経理部長が数字の説明に終始、戦略に関するアナリストからの質問に明確に答えられず、はぐらかすだけだった」

記事はさらにＩＲを「投資家に経営のビジョンを語る行為」と定義した上で、それをできるのは経営者のみであると主張し、「経営者抜きの松下のＩＲは市場の失望を招いた」と指摘していた。

ここで出てくる経理部長とは、私のことである。「質問に明確に答えられず、はぐらかすだけ」という指摘はこたえた。ＩＲの取り組み次第で株価も左右されるのだ、ということをあらためて認識した。

その際、何より重要なのが経営者、とりわけトップによるＩＲへの関与である。

創業以来、松下では決算発表会見にトップが出ず、経理担当役員（ＣＦＯ）が担当してきた。この記事のように、決算後の国内投資家向けＩＲでは、経理部長が出席する場合も多かった。

過去をさかのぼれば、松下幸之助創業者も社長時代、決算会見には出ていなかったようだ。その頃は概ね高い成長を続けており、数字はよくて当たり前という時代で、わざわざトップが出て決算内容を説明する必要もなかったのだろう。決算の説明はもっぱら高橋さんら経理担当の役員が担った。

当時、毎年1月10日に経営方針発表会が開かれていて、経営トップは、その後の記者会見で今後の戦略を発表、説明するというのが習わしになっていた。

決算発表には経理担当役員のみが出席するという伝統は長く続き、1990年代後半の森下洋一社長も1度も決算発表には出ていない。中村邦夫さんが社長になった当初も、これまでの慣例にしたがい、決算発表はCFOの私が担当していた。

決算発表の会見やIR説明会にトップが出席しない、というのは資本市場において極めて評判が悪かった。当時、IRに対するアナリストたちの評価が同業他社に比べて相対的に低かったが、最大のマイナス要因になっていたのがトップの関与がない、という点だった。

2000年度の後半から業績が悪化、その後、雇用リストラにも手をつけるという中で、なぜ社長が決算会見に出てきてきちんと説明しないのか、一般のマスコミからも批判の声が上がるようになった。

中村さんは頑固一徹のように見えて、米英での生活が長かったためか合理的な思考が染みついている人でもあった。戦略的ディスクロージャー（情報開示）には前向きで、決算やIRの場に出ることへの抵抗や躊躇はないようだった。トップが出席して決算内容や今後の戦略を説明する重要性を理解してもらった。そして2001年4月、これまでの伝統を打ち破って、決算発表会見に社長として初めて出席した。

その後、本決算と中間決算、その後の国内外での機関投資家向けIRミーティング、国内での個人向けのＩＲ説明会などには社長が出席するようになり、それとともに資本市場からの評価も上がっていった。

忘れられない「中村さん激怒事件」海外ＩＲで同業他社とバッティング

私がＣＦＯになって間もない頃、海外ＩＲを巡って「事件」が起こった。その後の前途多難を予見させるような、私のＣＦＯ人生にとっても忘れられないエピソードである。

英米でＩＲミーティングがあり、ＣＦＯが両方に出席し、社長は米国開催分のみに出席するということになった。私はロンドン経由、中村さんは日本から直接、ニューヨークに行くという予定になっていた。このニューヨークのＩＲを巡って問題が起こる。

私がロンドンに滞在していた時だった。深夜、ホテルの部屋にＩＲ担当者が飛び込んで来て、「私、会社をやめさせてもらいます」と言い出した。

事情を聞くと、ニューヨークのＩＲ説明会が日本の東芝と同じホテル、同じ時間にセッティングされていることが分かり、その旨を伝えようと、日本の社長秘書宛てに私の名前でファックスを送ったところ、中村社長がそれを見て激怒し始めたのだという。

多くの投資家やアナリストに出席してもらうため同じ業種、しかも同じ日本の会社が同時間にＩＲ説明会を開くというのは、避けるのが普通である。ところが、ＩＲを仲介していた金融機関に何かの手違いがあり、調整ミスが起こったのだろう。

ニューヨークのＩＲがそんなことになっているのを、我々もその時に初めて知ったのだが、中村さんは「川上は最初から知っていてこんなことをしたのか。アメリカには絶対に行かん！」とまで言い出した。

私は慌てて日本に残っていた経理部長に電話をして、「土下座をしてでも社長を飛行機に乗せてくれ」と頼んだ。

そして、何とかニューヨークのホテルまで来てもらったのだが、顔を合わせても一言の会話もしてくれない。翌日の現地スタッフとの朝食ミーティングでも終始無言である。後に米財務長官になるゴールドマン・サックスのポールソン会長との面談も直前にキャンセルした。

ニューヨークでのＩＲの世話役を務めた金融機関のトップから「これは私どものミスです。申し訳ありません」と中村さんに謝罪してもらい、何とか怒りを治めて、ＩＲ説明会は無事にやることができた。

それにしても一つの手違いや誤解をきっかけに、こんな騒動になるとは思いもしなかった。トップに動いてもらう大変さを知るとともに、「中村さんという人は難しい人だなあ」

と感じた一件だった。もっとも、改めて言うまでもないかも知れないが、そのような強烈な人だからこそ、嵐のような破壊と創造の改革を成し遂げられたのだろう。

その中村さんもひとたびＩＲ説明会の場に出ると、威厳のある話し方でかつ理路整然と、時にはユーモアも交えて話すので、参加者には大いに受けた。失礼ながら、うまく行くだろうかと心配もしていたが、中村さんのもう一つの面を見た気がした。本質をとらえたキーワードを駆使し、堂々と説明する姿には、独特の迫力があった。

2002 年、欧州の IR 説明会でスピーチをする中村邦夫さん
(パナソニックホールディングス提供)

経営トップというのは、何と言っても会社の顔である。会社によって社長、ＣＦＯの決まった役割があるだろうが、やはりトップが直接、資本市場と向き合い、対話を深めることは、経営戦略を理解してもらう上で極めて重要である。トップの経営哲学を深く理解し、

それに惚れ込んで株を買うという投資家も少なくない。

私自身、ＩＲでの経験を重ねながら、トップの持つ個性を引き出し、それを生かすのもＣＦＯの役割ではないか、と思うようになった。

2　ＩＲの体制整備、仕組みづくりに知恵を絞る

トップの関与とともに重要な課題になるのが、ＩＲ体制の整備である。この点でも各社の特性に合わせた工夫が求められる。重要なのは、ＩＲ専門部署だけに任せるのではなく、多くの人が関与するような体制を整えることだろう。その仕組みづくりに、ＣＦＯは知恵を絞る必要がある。

私がＣＦＯとして手掛けたＩＲ体制の見直しについて、あらためて振り返ってみたい。現在でも参考になる事例が多いはずである。

私がＣＦＯに就任した２０００年前後は、まだ多くの企業でＩＲの体制が十分ではなく、当時の松下もその例外ではなかった。まず手掛けたのが東京にＩＲの専任チームを設けることである。アナリストや投資家の大半は東京にいるのだから、当然の対応だった。

2001年に東京にIR渉外チームを発足させ、専任の担当者を置いた。当時、経営陣に近い所にいた大阪のIR企画チームと連携しながら、市場参加者に機動的に情報を提供するとともに、市場の声も経営に反映できるよう情報のつなぎ役も果たした。

海外のIR体制の整備も進め、ロンドン、ニューヨークにIRの担当者を配置した。大阪、東京、英国、米国の四拠点を軸にしたIR体制をとり、個別のミーティングもこまめに実施した。

各拠点のIR担当者は、会社に対して寄せられた市場参加者の声を「IR情報」というリポートにまとめた。「厳しい声でも包み隠さず書く」ことを前提に、定期的に経営陣に報告してもらうようにした。

現場にIR担当、CFOが任命
専門的な情報の発信も強化

体制の変更として大きかったのが、「ドメインIR体制」の構築だろう。破壊と創造の構造改革の過程で事業部制を廃止して、2003年にグループをドメイン（事業領域）に分ける新たな体制に改編した（その後、2013年に事業部制は復活）。

そのドメイン発の情報発信を強化するために、各ドメインにIRの責任者と担当者を置いた。それらの人員については、ＣＦＯの私が直接任命し、全体では50名あまりに上った。彼らは通常の業務に加えて、ＩＲの業務も兼務で担当した。各ドメインで独自にＩＲ会議を定期的に開くようにした。こうした活動の中で、ドメインのトップもＩＲ活動への理解を深めていったようだ。

投資家やアナリスト向けの窓口は、本社の財務・ＩＲグループが引き続き務めるが、各ドメインのＩＲ責任者・担当者は本社ではなかなかフォローしきれない専門的な技術の情報、現場にいなければ分かりにくい最先端の事業の動向などについて、本社のＩＲ担当に伝えた。

必要に応じてアナリストや投資家向けの説明にも同席することもあった。各ドメインのトップにも気持ちよく協力してもらい、1年に5～6回、個別ドメインのＩＲミーティングを開いた。ドメインの事業ストーリーをつくって報告し、質疑応答も行った。日頃はあまり接することのない市場の声を聞くということで、刺激にもなったようだ。ドメインのトップとしての使命感のようなものも出ていたようにも思う。

「ＩＲはどうあるべきか」についてまとめた業務マニュアルも作成して配布した。そうしたきめ細かな対応をとることで、ドメインごとにＩＲの対応に食い違いが出る、といったことがないようにした。

かなり大がかりな仕組みになったが、効果は非常に大きかったように思う。まずＩＲについて全社的な理解が進み、本社と現場で呼吸を合わせながら機動的で充実した情報開示に取り組めるようになった。

特に最先端の技術の情報などについては、投資家やアナリストの関心は高く、専門的な知識を持った社員が対応する意義は大きかった。

人材育成という面からも有意義な方法だと感じた。新たに現場でＩＲ業務にかかわるようになった人たちは、それぞれ「ＩＲストーリー」をつくり上げる過程で自分たちの仕事、事業内容をより詳しく学んでくれたようだ。

各ドメインに配置されたＩＲの責任者は経理社員が半分くらいで、営業、企画、技術、広報など、これまではＩＲに関与していなかった部署の社員も多く含まれていた。互いに刺激しあって学ぶことで、個人の力が大きく伸びる。それとともに、会社全体としてのＩＲの発信力も大きく成長していった。

そして何より私自身も、現場のＩＲ担当者らからの報告を通して、社内のビジネスの現状などについて深く学ぶことができた。

投資家層は海外も含めて一段と多様になっており、ＩＲの場での質問も多岐に及ぶ。ＩＲの担当者は自社についての深い知識が求められ、専任部署だけではなかなか対応できないケースも多いようだ。

幅広い部門の社員が高い意識でＩＲにかかわるような仕掛けづくりは、ますます重要になっているのではないだろうか。

ＩＲの基本はまず「素直に聞く」ことであり、そして「誠実、真摯にこたえていく」ことである。常に株主、資本市場を意識して、企業価値を高める地道な努力を続け、必要な情報を的確に開示していく。それをトップから現場の担当者まで徹底できれば理想的だろう。

3　多様な投資家と向き合う
――絶えず自分を磨く心構え

すでに述べたように、私にとってＩＲはマイナスからのスタートだった。「ＩＲショック」とマスコミに批判された２０００年５月初めの決算発表の２週間後、私は当時の森下洋一社長からＣＦＯ就任を命じられる。その直後の海外ＩＲで、投資家と向き合う厳しさをあらためて味わった。

想定外の質問にも対応する底力を
専門家からマンツーマンで学ぶ

５月末、まだ正式就任前だったが、前任のＣＦＯの松田基さんからさっそく、欧米でのＩＲ（投資家向け広報）ミーティングを任された。出発まで３日間しかなく、大急ぎで準備をした。

出発を前日に控えて、頭と首がひどく痺れて痛くなり、動くのもつらくなった。近くの病院に行くと医者から「これは強度のストレスの影響ですね」と言われた。日々の緊張が知らず知らずのうちに身体に負担を与えていたのだろう。そうしてIR当日を迎えた。

大勢の人の前で英語のスピーチをした経験はこれまでほとんどなく、話している間に緊張でのどがカラカラになった。Q＆Aでは用意してもらった答弁集をそのまま読むだけだった。ところが、用意した以外の質問も多く飛び出す。そうなると戸惑い、焦った。

ニューヨークでは、要領を得ない私の説明に対して有名な女性アナリストから「中途半端！」と日本語で厳しい声が飛んだ。

ロンドンでは、松下の技術館を見たという人から「何十万点という商品が展示されていて驚いた」と言われ、褒められるのかと思ったら全く逆で、「量を誇る時代ではない」と批判された。「あれだけの製品をつくるには膨大な研究開発費や設備投資が必要なはずだ。得意分野を伸ばし、不得意な分野は他社とアライアンスを組むなどして選択と集中を進めるべきだ」というわけである。会社の中にいて感じていることと、外から見える姿は大きく違うということに改めて気づかされた。

海外IRでも恥をかき、これではだめだとCFOになって勉強をし直そうと思い立った。

シンクタンクに頼んで、マンツーマンで徹底的に教えてもらった。バランスシートの考え方など、これまでの経理社員としての経験から分かっていたつもりでいたが、いざ気鋭のアナリストや投資家らと向き合うと正確に答えるのはなかなか難しい。専門用語などを交えてきちんと説明できるように理論を鍛えていった。IRとは何か、投資家は何を求めているのかなどについても専門的に学んだ。

企業に対する資金の出し手は、ますます多様になっている。外国人も一段と増え、株を少額所有して企業に要求を突きつける「モノ言う株主」、アクティビスト投資家も存在感を示している。事前の準備は徹底してやり、できれば社内で予行演習も実施した方がよい。事前に投資家の関心がどこにあるかについて、探っておくのも欠かせない。

もっとも、事前に想定問答集を用意しても、それから外れる質問が多く飛んでくる可能性は高い。そこできちんと説明できずに、曖昧な回答だったり、しどろもどろになったりしていたら、それこそ「IRショック」で株価の下落を招きかねない。その時にこそ、CFOの力が問われる。日々たゆまぬ努力で自己研鑽を続ける姿勢が不可欠である。

日頃からしつこく先を読む訓練を
海外の経済情勢への見識も深める

あらためてIR説明会に望む際の心構えを整理しておこう。

まず投資家は常に先を見る、ということを認識しておくべきだ。終わった決算をくどくどと説明するのは避け、今後の展望、戦略をできるかぎり具体的に示す。例えば、営業利益率5%という目標を掲げても、そこに至る道筋がはっきりしないと、投資家には響かない。そして日頃からしつこく先を読む訓練をしておくことも大切だろう。

グローバルな競争環境の変化にどう対応するか。海外IRではこういった観点の質問も多かった。2000年代前半には、「韓国や中国の企業との競争が厳しくなっている。彼らとの競争にどう打ち勝つのか」といった質問をよく受けた。今考えると核心を突く質問だった。

「各国の経済成長率をどのように見ているか。あなたの会社がそれを上回る伸びを見込むのはなぜか」

このようにマクロ経済の動きと照らして見通しを問われることも多い。グローバル企業の経営者としては当然かもしれないが、世界の経済情勢への見識も深めておきたい。

投資家との間で見解に違いがある場合も少なくない。特に雇用リストラなどについては、日本の雇用慣行、その企業の基本の経営方針などを理解している投資家ばかりではない。先方の話を一方的に受け入れるのではなく、企業として大事にしてきた経営理念について時間をかけて説明し、理解を求めることも必要である。

第2章で詳しく説明した独自の指標であるCCMについては、非常に評価が高かった。成長率、利益率などだけでなく、資本コストの概念を入れた説明を加えれば、特に海外の投資家は前向きに聞いてくれる。

他社と同じようなことを言っているだけでは、投資家の心はつかめない。他社が簡単にはまねできない独自性がどこにあるのか。それを多くの投資家に響く形で伝える工夫が、何より求められる。

記者会見ではキーワードに工夫 世の中の話題と結びつける

マスコミ向けの決算記者会見では、その時々の世の中の話題とうまく結びつけて説明すると、理解を得られやすいようだ。資本市場だけでなく、記者の向こうにいる社会との対話を意識する必要がある。

2004年7月に開いた第1四半期（4〜6月期）決算では、記者会見で「今回の決算のポイントはデジタル・ホット・オリンピックだ」と述べたら、次の日の新聞で大きく取り上げられた。

その年の夏は暑く、エアコンの販売が好調だった。アテネオリンピックの開催を控えて大画面の薄型テレビの売り上げも伸び、それらが業績をけん引していた。それを三つのキーワードにまとめたのだ。

世の中の動きに気を配りつつ、分かりやすく、一般の人にも届きやすい言葉を選んで話すように心がけたい。社内の人にしか分からない専門用語を羅列しても、なかなか受け入れられないだろう。

2024年からは新しいNISA（少額投資非課税制度）も始まり、個人投資家が増えることが予想される。株主層を広げて持続的な株価上昇につなげるには、個人投資家をどう取り込んでいくかも課題になりそうだ。個人向けのIR活動などの取り組みと同時に、マスコミを通じて分かりやすく会社の戦略を伝えることがますます重要になる。

決算についてもう一点、「営業利益か純利益か」という問題を指摘しておきたい。社内では本業のもうけを示す営業利益に注目しがちな企業も多いだろう。特に業績が急回復する過程では、そうかもしれない。純利益はリストラ損失や有価証券の評価損益などの一時的な利益に左右されがちで、本業とは離れた動きになる場合があるからだ。

創業以来の赤字を計上した翌年の2002年度、連結営業利益は急回復し、期の途中で上方修正するなど文字通りV字回復となった。ところが、最後に落とし穴があった。営業損益は改善し黒字となったものの、期末にかけて株式相場全体が急落したことが響いて、保有する株式に評価損が発生し、また年度が終わる直前に決まった外形標準課税制度の影響もあって、最終損益はわずかながら赤字となった。

私としても予想外の出来事だった。ある新聞は夕刊の速報でこの最終損益の赤字に着目し、「松下、2期連続の赤字」という大見出しで報じた。社内では「営業利益のV字回復」で士気を高めていたのに、この記事の書きぶりには正直、がっかりした。

しかし考えてみると、決算は純利益こそが着地点である。海外では純利益だけが注目され、途中の段階の営業利益がマスコミ等で報じられることはまずない。株式市場で注目されるPER（株価収益率）も純利益をもとに計算される。CFOは本業のもうけを意識しつつも、あくまで純利益の向上に重点をおくべきで、予想外の事態にも備えることが必要である。この時、私はあらためてそれを認識した。

この2002年度の決算の際には、最終損益が赤字になったものの、キャッシュフローの流出は伴わないこと、本業は順調で営業利益は当初の予想を上回ったことなどを、会見の場で丁寧に説明した。決算の本質をかみ砕いて解説することも、CFOの大事な役割である。

決算発表については、ほかにも忘れられないエピソードがある。2005年末、FF石油ファンヒーターの品質問題が発生し、全社を挙げて取り組むことになった。痛ましい事故を「二度と起こしてはいけない」という経営トップの強い思いで、年末年始のテレビ宣伝も中止し、消費者へのお知らせ画面に切り替えた。一番売り上げが多い時期で、私も含め全役員が反対したのだが、社長の判断で宣伝の中止を断行した。

そうして迎えた2006年2月、第3四半期の決算発表のさなかのことである。「12月の売り上げはCMを切り替えた結果、第1週はずっと前年割れだったのが、徐々に上がってきて・・・」と説明している途中で、涙が出てきて詰まってしまった。

雪の中で一人ひとりの個別訪問、点検作業、深夜に及ぶ突貫工事、延べ13万人の人達とその家族の苦労、そんな状況が一瞬で頭を駆け巡った。決算発表の席上、冷静に結果を伝えるべきCFOが感情的になって涙を流すのには賛否両論があるだろうが、この時は込み上げてくるものを抑えられなかった。CFOとして、「数字の裏に人あり物あり」をあらためて実感した瞬間だった。

主要な海外投資家は定期訪問
格付け機関とも情報交換

日本アナリスト協会が選定するディスクロージャー優良企業のランキングで2005年、

ついに1位になった。2000年ごろまでは10位前後で推移していただけに、素直にうれしかった。IRの姿勢を厳しく批判されたり、海外IRの場で集中砲火を浴びたりしたことを思い出し、感慨深かった。項目別では、「経営陣のIR姿勢」「説明会等」「コーポレートガバナンス関連」「自主的情報開示」などの評価が高かった。

こうした外部からの評価にどこまでこだわるかいろんな考え方があるかもしれないが、私自身は何とかランキングを上げようと必死に取り組んできたため、大変な励みになった。業績のV字回復とIR活動の活発化の相乗効果によって、評価を高めていったように思う。

心血を注いで取り組んだIR活動で評価され、とても誇らしかった。従業員が出入りする会社の玄関に表彰状を並べ、IRを主導してくれた鶴田リーダーを初めメンバー皆と喜びを共にした。海外IRで中村さんが激怒したNY事件が、夢の中での出来事だったように思えた。

海外の主だった投資家も定期的に訪問して、じっくり対話をした。相変わらず厳しいやり取りが多かったが、だんだん中身のある深い対話ができるようになった。結果的に、株を増やしてくれる投資家もいた。

IRと並んで苦心したのが格付けである。ニューヨークに行くと毎回、格付け機関にも立ち寄って、情報交換をした。格付け機関が企業を見るポイントなども伝授してもらった。

長期社債格付けは、1990年代の初めまで最上位のAAA（トリプルA）を誇っていたのに、そこから下がる一方だった。それが収益とキャッシュフローの改善が評価されて、2004年2月にようやく上がった。これも忘れ難い出来事だった。

中村社長の任期中の最後になった2006年度の連結決算は、「歴史的にない、素晴らしくきれいなB／Sだった」と公認会計士に言われた。決算発表後のアナリストミーティングでは、最後は拍手で見送られ、中村さんが退場する姿を見ながら、様々な事を思い出し涙が出た。

2006年6月に中村さんは会長になり、後任には大坪文雄社長が就いた。その1年後の2007年6月に私はCFOを退任し、社内に新設された松下経理大学の学長になった（2012年まで）。

これまでの章では、私の入社時から始まりCFOとしての役目を終えるまで、40数年の会社生活を振り返りながら、若手時代に何を学ぶべきか、CFOが果たすべき役割は何かについて述べてきた。

アジア企業の台頭、米国のプラットホーム企業の席捲、国内市場の停滞などで、日本企業の経営環境は、私の現役時代と比べて格段に厳しくなっている。パナソニックもこうした荒波に翻弄されてきた。

＊　＊　＊

第5章では、これからの企業経営、そして激動の時代におけるCFOのあるべき姿について私の考えを述べたい。

第5章　激動の時代のＣＦＯ

この章では、これからの企業経営、そして激動の時代における
CFOのあるべき姿について、私の考えを述べたい。
当時、取材を担当していた元記者に聞き手になってもらい、激
動の時代のCFOはどうあるべきかについて、対話形式でまとめ
た。

松下電器産業（現パナソニックホールディングス）でCFOを務めていた頃、私は記者や投資家、アナリストらと対話することで考えを深めていた。

激動の時代のCFOはどうあるべきかをテーマに、当時、取材を担当していた元記者に聞き手になってもらった。

My Story を大切に
〝時代を個性的に乗り切る〟

――２０００年代前半に記者として当時の松下電器の取材を担当しましたが、大赤字、リストラ、事業構造改革など、数年の間にあれほど多くのニュースが立て続けに出てくるのは、異例のことだったように思います。

そうした激動期にCFOを務められたご自身の経験、そして退任後に長く大学院等で経営幹部教育にあたってこられたお立場から、これからCFOを目指す若い人達、幹部クラスの人達に一番に伝えたいことは何でしょうか。

いま多くの経営論、CFO論が語られていて、様々な視点があり、それぞれ非常に参考になります。「伊藤レポート」により、ＲＯＥ（株主資本利益率）は日本企業の経営の流れを大きく変えた指標となりました。近年では、パーパス経営やＣＳＶ経営、ＲＯＩＣ（投下資本利益率）、ＰＢＲ（株価純資産倍率）といった指標も盛んに取り上げられていますｰそれぞれ非常に重要だと思いますが、一方で、その意味を表層的にしか理解せず、深掘りしないまま、外部への発表のためだけに安易に導入している企業も見受けられます。そういうのを見ていると、この会社の独自性は何なのか、経営トップやＣＦＯは自分の頭で考えているのだろうか、と思ってしまうことがあります。

世界の潮流をとらえて、いいものを取り入れることは重要ですが、あくまで実践に基づいて、自分で身につけたことが大切です。私が大事にしている言葉に"My Story"があります。他人がつくった既成の理論や思考方式ではなく、経験を通して自分の頭で考えること、それを自分なりのストーリーにすることが肝心です。投資家と向き合う際にも、時流に乗った指標だけでなく、その企業にしか語れない独自の経営理念や戦略こそ語るべきです。格好よく言えば、時代を個性的に乗り切るという心構えがＣＦＯには大切ではないか、と思います。

真似のできない〝違い〟が評価につながる

——現役のCFO時代はIR活動にも心血を注いでこられたということですが、振り返ってみて、企業が投資家から評価されるための一番のポイントは何だとお考えでしょうか。

証券会社の人に昔、聞いた話ですが、初代CFOの高橋荒太郎さんはIRをやってくれと頼まれて、ひたすら経営理念を述べ、それで参加者を引きつけたそうです。企業が資本市場で評価されるには、足元の収益性や成長性はもちろんですが、中長期の成長戦略のシナリオを明確にし、どのような理念の会社で、どのような会社になろうとしているのか、を示すことが肝心です。その際には、他の企業にはまねのできない、突き抜けた違いがあり、投資家として夢をかけたい、そう思わせるようなものがあるかどうか、が問われるように思います。経営理念や経営哲学、独自のビジネスモデル、最先端の技術、突出した販売力などのほか、経営者の個性や能力でも、他が簡単には追い付けない独自性があるかどうかが重要です。

創業者の松下幸之助さんは、〝かまどの灰まで私のもの〟という強烈な思いで会社を興し、経営してきました。今のガバナンス論からすると、認められない発想もあったかもしれませんが、一見、非常識のようでも、他とは違う際立った面、そして人を引きつける何かが経営者には必要で、それが企業の評価にもつながるように思います。それは海外から借り物の指標ではなかなか伝わらない。そうした経営トップの強い志、熱い思いを支えるのがＣＦＯの役割の一つです。序章で述べたように、私はＣＦＯには四つの側面があると考えていますが、その最初の一つが補佐役・番頭役です。客観的な数字の裏付け、業績やキャッシュフローの見通しをもとに、経営トップの熱い思いを支えることが肝心です。もちろん、時にはブレーキをかける必要もあります。そこは、ＣＦＯとしてガバナンスを効かせる必要があります。

――強烈な個性という意味では、元社長・会長の中村邦夫さんもそうでしたね。独特の存在感、そして威圧感のある経営者でした。

私が中村さんと最初にお会いしたのは１９９４年６月、当時の松下の関連部長として、米国に出張した時でした。中村さんは松下アメリカ社の会長でした。怖い人、厳しい人という評判を聞いていていて最初は緊張したけれど、拍子抜けするほど穏やかな印象でした。

ニューヨークの近郊でゴルフをしたのですが、普段は強面なのにゴルフ中は豪快に笑う姿が印象的で、すぐに中村ファンになりました。その日の宴会は、お互いに涙が出るほど大笑いする楽しいものだったのを覚えています。その後も一時帰国の際に一緒にゴルフをするようになり、その頃は、いい兄貴分という感じでした。

ところが、社長になってから一変しました。一切、宴会にも参加せず、家にまっすぐ帰って読書や思索に没頭するようになった。経営戦略をじっくり練っていたのだと思います。就任して早々、ローマ帝国などがなぜ衰退したのかについて、「社会が変わっているのに、リーダーが自らつくった成功システムを誇り、変わろうとしなかったからだ」と説明されたのが印象的でした。「成功体験をした人は変わりにくい。企業を変えるには人を代えるしかない」と言われ、厳しい姿勢を感じました。

難しい人だなあ、と感じたことも多々ありました。強いわだかまりが生じたこともあります。2000年度、業績見通しを巡って関係が悪化し、本来は密接に連携しなければならないCEOとCFOが、事務的なやり取り以外の会話もできなくなるというのは、一般的に考えると確かに普通ではありません。ただ、今になって振り返ると、それほどの人だったからこそ、聖域と言われた分野にも手を入れて、破壊と創造の構造改革ができたのだろうと思います。そこまで突き抜けた人だからこそ、市場の評価も得られたのでしょう。

個性あるトップと向き合う際の心得

――突出した個性の経営トップと向き合う際、ＣＦＯとして心がけるべきことはなんでしょうか。

経営トップは孤独です。経営判断の最終責任を背負っています。トップに対して、周囲の人たちが、何も言わない、言えなくなる、というのは本人にとっても大変辛い状況です。私は、ＣＦＯとして任期の後半から、社長の一つ一つの施策や行動に対して、折に触れて何らかの具体的なコメントをするようにしました。「あのスピーチはよかった」「〇〇君は社長から叱咤激励を受けて、いい刺激になったようだ」などと、気がついた点について、口に出して伝えました。細かいことであっても、何らかのリアクションをする。そういう形でＣＦＯとして、社長の志を支えようと考えました。ちょっとしたことで人間関係はうまく行ったりするものです。もちろん意見をすることも大切で、そういう場合は、客観的な数字をそろえた上で、冷静に伝えるようにしました。

もう1点、先ほど述べた〝My Story〟です。中村さんのようなカリスマ性のある人と比べて私は迫力がなく、そのことで随分と悩んできました。リーダーとして迫力がない、というのは致命的であるように感じていました。どうやれば迫力が出るのだろうか、いろいろと考えました。一つは現場をよく知ること。しかし、細かいことばかり指摘するようになると嫌われます。理論武装をすることも重要ですが、理屈だけでは心に響かない。そこで行きついたのがMy Storyです。自分にしか語れないストーリー、自分だからこそ語れるストーリーで、私はこう思う、こうしたい、と伝える。トップがこう言っている、会社の方針がこうだから、とバケツリレーのように伝達するのではなく、自分の言葉でメッセージを伝えるようにしたのです。これが迫力の源泉になると感じました。CFOとして、トップを補佐する一方、My Storyを大切にするような心がけが求められるように思います。私は1日の終わりに10～15分間、日記をつけながら、自己省察の時間にあてていたのですが、こうした積み重ねが自分独自の考え方を養うのに役立ったと思います。

CFOは「改革」の転がり出しを後押しする

――2000年代の前半、中村社長が主導した「破壊と創造の改革」は、V字回復を導く原動力となりました。CFOとしてかかわった当時の構造改革を振り返って、あらためてどう評価されますか。大規模な構造改革に、CFOはどういう役割を果たすべきでしょうか。

すべてを定量的な評価で判断し、利益を出すこと、キャッシュフローを増やすことを徹底的に追及しました。経営理念以外はタブーを設けずに、スピード感を持って、仕組みを変えていった。破壊と創造を同時進行でやった、という点でも改革の革新性があったように思います。私は若い頃から、本質的・中長期的・多面的の三つの視点から物事を見るように努めてきました。当時の改革はその三つの視点から見ても、適切な対応だったように思います。改革を進めるカギになったのが、やはり、本丸の家電流通改革、聖域と言われた雇用の構造改革からまず手をつけたことだと思います。経営トップは本気だ、ということが分かり、社内に改革に取り組む意識が浸透しました。

改革は、経営トップだけではできません。もちろんCFOだけでもできないのですが、CFOは会社が改革に向かう〝転がり出し〟を後押しする役割が求められます。

もう一つ、CFOの役割として強調したいのが、バランスシートの改革です。「後輩に負の遺産は引き継がない」「バランスシートに禍根は残さない」ということを当時、常に意識し、金融事業の売却や年金債務の処理、MCAの最終処理、松下興産問題など、これまで手をつけられずにいた課題に取り組みました。赤字とリストラ損失で流出したキャッシュをB/S改革によって回復できた。それは改革を続ける上で大きかったと思います。いつも強調しているのですが、P/Lからは改善しか生まれない、B/Sから本当の意味での変革が生まれます。ＣＦＯは、常にそのことを意識しておく必要があります。

当時の改革に不足していたものは・・・

――中村改革に足りなかった点を、あえて指摘するとすれば何でしょうか。

当時、スマイルカーブ（両端が上がり、真ん中が下がったカーブ）の理論を元に、収益が出にくい真ん中の組み立て・製造の部門だけでなく、カーブの両端、つまり川上のデバイス、川下のサービス事業など、収益性の高い分野を育成していくべきだ、という議論がありました。21世紀型の「超家電」という目標を掲げた一方で、収益構造の見直しについての取り組みが十分でなかったようにも思えます。

スマイルカーブの議論については、確かに徹底できなかった、という面があるかもしれません。情報通信やソフト関連、エンターテインメント産業などサービス分野をどう育成するかなど、事業ポートフォリオの見直し、刷新という点では、本格的な議論が進まなかった。何が正しいかは後になって分かるのですが、主力事業についても、正しい選択をしたかどうか。例えば、テレビではなく、重点事業として電池を選んでいたら、その後の展開は大きく変わっていたかもしれません。

ただ、何より重要なのは、改革の常態化、ということです。改革は一度やったら終わりではなく、状況に合わせて絶えず改革に取り組まなければならない。再び経営が悪化した時にどう踏ん張り、どう立て直すのか。そこが問われます。不断の構造改革が必要なのです。中村改革の精神は今も生きており、風化させてはいけないと、私は考えています。

リーマン・ショック後の経営悪化について

――中村さんは2006年に社長を退任したあと、会長(~12年)、相談役として会社に残り、その間にパナソニックは4回、最終赤字に陥りました。08年のリーマン・ショックの影響に加えて、日本経済が激動期を迎えた時期でもあり、やむを得ない面もある一方、中村さんの責任を問う声も聞かれました。OBの一人として、元CFOとして、どのように見ていましたか。

その質問に直接お答えするのは難しいですが、一般論でいうと、リーマン・ショックという非常事態において企業の対応が問われたように思います。100年に一度の危機などと言われ、キャッシュ・イズ・キングが叫ばれた時代に、企業として大規模な設備投資やM&Aをやるべきかどうかは、慎重な判断が必要になります。

――デジタル化についての対応、判断も、中途半端だったような印象がありま す。

これも今の時点で振り返るからこそ言えるのですが、例えば、スマートフォン（スマホ）の中にAV機器がすべて入り、スマホ1台ですべてが間に合ってしまう時代が来るということを、十分に認識できていなかった。スマホにそれだけ多様性があるということを、パナソニックも含め、多くの日本企業は予想できていなかったように思います。

時代の流れを見誤らないために

――中村さん自身が社長時代によく指摘されていましたが、デジタルの世界はオセロゲームのように勝ちと負けが一瞬で入れ替わり、勝ち組と言われている企業も、あっという間に状況が変わる可能性があります。グローバル競争は近年、一段と厳しくなっています。そうした激動の時代に、経営者、そしてCFOはどうあるべきでしょうか。

やはり、時代を見誤らないということが最も大切です。マクロの経営環境もそうですし、技術の見通しも同様です。何が高付加価値商品になるのか、その見極めが肝心です。そしてCFOは、業績、キャッシュの客観的な見通しをもとに経営戦略を支えつつ、いざとなれば体を張ってストップをかける。それが、ますます求められています。

判断を誤らないためには、現場から上がってくる情報を吸い上げ、それをもとに有意義な議論をすることが欠かせません。世界で何が起こっているのか、正確に把握する必要がある。私もCFOになってから、なるべく現場から情報を得るために、特に海外に行った時など、現地の社員と時間をかけて話をするようにしていました。現場からの情報が入るようにするためには、威厳が強すぎて近づきがたいような人は、CFOとしてふさわしくないのではないか。もちろん、いろんなタイプがあり得ると思いますが、個人的には、そう考えています。

事業構造改革で配慮すべきこと

――ＣＦＯの役割として、「弱きを助ける」ことを挙げているのが非常に興味深かったです。また事業構造改革において、「買収される側の気持ちを考えよう」と経理社員に訴えたという話も印象的でした。

弱い人に温情をかけろ、優しくしろと言うわけではなく、企業価値を持続的に高めるには、やはり一人ひとりが幸せに、意欲的に働くことが大切です。その点にも気を配るようにしました。根こそぎやる、一気呵成にやる、という大改革の中では、一人ひとりの従業員がやる気、生きがいを維持する、というのが難しい局面もあります。例えば、事業部制の解体、関連会社の再編で、長く続いてきた歴史のある組織がなくなり、そこに所属していた人たちのモラールに少なからぬ影響があったように思います。当時の松下電工を子会社化した時には、私は経理社員たちに対して、相手の立場になって考えよう、ＷＩＮ－Ｗ

INになるように経理が橋渡しになろう、と訴えました。

事業構造改革が当時、グループとしてのグローバル競争力を高めたのは確かだと思います。しかし、何事もプラス面とマイナス面があります。今になって振り返ると、例えば、松下通信工業と九州松下電器がそのまま存続していたら、従業員たちがプライドをかけて付加価値の高いスマホを開発していたかもしれない、と考えることもあります。両社はいずれも事業構改革の過程で２００２年に完全子会社になりました。

幸之助さんはかつて、グループの重複事業について、お客さんの判断に任せろと言って、そのままにしました。全体として考えると、グループ内に同じ事業を抱えるのは非効率だけれど、それぞれが切磋琢磨して競争するという側面もある。そういう競争エネルギーも無視できません。

一般的に、10年周期ぐらいで、組織を大括りにしたり、細かくしたりするトレンドがあるように思います。やはり、その際に目配りが必要なのは社員のモラールの問題です。合理的に考えて、きれいに整理したつもりでも、現場のエネルギー、バイタリティがなくなっていく、という結果になれば、事業構造改革も成功しない。経営トップが仕組みの改革を急ぐあまり、従業員への配慮が足らなかったとしたら、それを補う対応が必要です。私は、それもCFOの役割の一つではないか、と考えています。

経営幹部には「CFO的な思考」が必要

――川上さんは、大坪文雄社長時代の1年間も含めてCFOを2000年から07年まで務められました。CFOとして、やり残したことがあるとすれば、何でしょうか。

他部門も含めて、幹部に対する経理の教育をもう少し徹底したかった、という気持ちがあります。経理出身以外の管理職クラスの人に向け、バランスシートがなぜ大切か、伝統のお金大事の経営、キャッシュフロー経営の本質などについて、きちんと伝える必要があると考えていました。2007年に役員を退任したあと、松下経理大学という社内の教育機関ができ、初代の学長として2012年まで務め、幹部向けの研修を手掛けました。パナソニックが赤字になり、その余波でなくなったのですが、この経理大学は続けてほしかった。幹部への経理教育は何より重要だと思います。現在は、会計やファイナンスの知識なしにマネジメントができなくなっている時代です。営業、技術、海外人材など幅広い分野の人たちに、経理への関心や知識を持ってもらいたい、と考えています。CFO的な思考、本書で言う「CFO魂」を、幅広い層の経営幹部が身に着けることは、ますます重要になっていると思います。

――最近は、ＣＦＯの役割も多様化しています。これまでＣＦＯはブレーキの役割を果たすべき、という点がどちらかと言えば強調されてきましたが、アクセルを踏む役割も担うべきだという意見もあります。これからのＣＦＯは、どうあるべきでしょうか。

まず、ＣＦＯが自らアクセルを踏むべきかどうかについてですが、お金という点から事業の先行きを見極めて、もう少し攻めの投資ができますよ、と経営トップに促すような場面はあり得るかと思います。ブレーキばかり踏むのがＣＦＯの役割ではありません。もっとも、かつてのバブル期の日本企業のように、財テクに資金を過剰に投入するといったアクセルの踏み方は、当然ですが、あってはなりません。

ＣＦＯの仕事が多様化している、という点に関しては、まさにその通りで、これからの人は本当に難しく大変だなあ、と思います。ＥＳＧ（環境・社会・企業統治）や気候変動対応など、これまでの経験知では対応できない課題が多くあります。Ｍ＆Ａ（企業の合併・買収）についての知識も必須です。社外とのつながりで得た情報や知見を、自社の経営戦略や改革に生かすことが、これまで以上に重要だと思います。

――最近では、「ミニＣＦＯ」ともいうべきＦＰ＆Ａ（Financial Planning & Analysis）を導入する日本企業が増えています。欧米で普及しているこの制度の有効性をどう評価しますか。

私が副理事長を長く務めていた日本ＣＦＯ協会で近年、力を入れていたことの一つが、そのＦＰ＆Ａの育成でした。ＣＦＯのもとで、会計やファイナンスのプロフェッショナルの立場から、経営の意思決定に向けた分析、事業戦略の策定にかかわる機能を持った職務です。終わった決算の分析だけでなく、計画や予測にもかかわる未来志向的な役割を果たします。一般企業でいう〝経理〟とは違って、ブレーキもアクセルも踏む役割です。一方で、パナソニックには旧松下の時代から伝統的に経理社員という制度がありますが、これは現場に配置されて、お金の立場から事業を管理するお目付け役で、事業計画も経理社員が手掛けるのです。この経理社員制度ができたのは１９４０年、昭和15年で、時代を先取りしてきたと言えるかもしれません。ＣＦＯの業務が多様になる中で、ＦＰ＆Ａといった制度を設けるのも、一つの選択肢になるように思います。

もう1点、ＣＨＲＯ（Chief Human Resource Officer：最高人事責任者）の育成もさかんに議論されています。ＣＦＯがお金、計数の面から経営戦略を支える役目を果たすとすれば、ＣＨＲＯは人事、人の面から戦略にかかわります。イノベーションを主導するのはあくまで人です。人事戦略はますます重要になっています。ＣＦＯとＣＨＲＯが連携しながら、トップを補佐し、経営にかかわっていけば、企業価値を高める上で、非常に有効な組織になります。経理と人事が、あまり交わらない、連携することがない、という企業も多いと聞きますが、経営課題が複雑になる中で、経営の中枢機能を部門別に専門特化したままでは、経営が成り立たない時代になっていると思います。

ＣＦＯは自前か、外部登用か

——外部からＣＦＯを登用する企業も、最近は増えているようです。プロのＣＦＯとして、企業を渡り歩くような人もいます。その点、パナソニックは旧松下の時代から、社内で経理社員として訓練を積んだ人がＣＦＯに就任しています。やはり社内での育成、登用にこだわるべきでしょうか。

経理・財務の専門知識があり、経営力に優れたプロの人材に、CFOとして来てもらうというのは、あり得る話だと思います。実際、パナソニックの経理出身者が今、上場企業も含めて多くの企業でCFOを務めています。パナソニックの経理社員として実践で訓練を受け、鍛えられてきた人は、社外でも信頼が厚いようで、それは私としても誇らしいことでもあります。ただ、例えば、海外の大学のMBA（経営学修士）を取得し専門知識はあるけれども実務経験は少ない、といったという人がやってきても、なかなか難しいように思います。幸之助さんもよく言っていましたが、やはり経営学と経営は違います。

メインバンクの出身者をCFOとして登用するのも、企業の発展段階によってはあり得るかもしれませんが、社内の伝統的な仕組みを改革するといった仕事は、金融機関の出身者では難しいようにも思います。メインバンクとの関係も、かつてとは変化しています。私の現役時代は、金融機関の再編が進み、今日の味方が明日の敵になるような状況でした。メインバンクとは持ちつ持たれつの関係を維持しつつ、過度に頼り切りにはならないことが求められます。

幸之助さんは〝かまどの灰まで私のもの〟という強い思いを持って経営にあたったわけ

ですが、CFOは社内の人材であれ、他社からの登用であれ、強い志を持ったトップに共鳴し、補佐役として支えられるかどうか、が問われます。どうしても経営トップとCFOの間には溝のようなものができます。よく社長と副社長の距離は、副社長と平社員の距離よりも大きい、と言われます。それほど経営トップは孤高の存在です。そのトップとの距離を橋渡しするためには、可能ならば、自社の生え抜きの人材の方がよい気がします。

もっとも、CFOによって、それぞれ能力、個性に違いはあります。こういう人であるべきだ、と杓子定規に考える必要はないかもしれません。むしろ、CEO（最高経営責任者）とのコンビで考える、という発想が大切ではないでしょうか。経営トップにもいろんなタイプがいます。トップが他社から来たプロ経営者であれば、CFOもそれ相応の人がふさわしいでしょう。かつて幸之助さんが経営トップを務め、その経営理念に惚れ込んだ高橋荒太郎さんがCFOを務めたのは、いいコンビだったように思います。時には感情に訴え早口でよく話をした幸之助さんに対して、高橋さんは口数も少なく、ドンと構えていて、経営理念を繰り返し説くような人でした。CEOとCFOがお互いの能力、個性を補いあうような形になれば、理想的でしょう。

CFOからCEOへのキャリアパス

――幸之助さんは、早くから経理の役割を重視し、高橋荒太郎さんら傑出したCFOを輩出しました。ただ、これまでのところ、パナソニックには経理部門の出身の社長、CFOを経て社長、CEOになったという人はいません。欧米の企業ではCFOからCEOになる人も多い。そういう企業が日本でも増えていくのでしょうか。

答えとしては、YESです。投資家的な視点も兼ね備えた経営トップは、激動の時代に特に強みを発揮すると思います。すべての企業に当てはまるかどうかは、わかりませんが、性格の違う複数の事業を抱えている持ち株会社などでは、うまく機能するでしょう。ソニーは、まさにそのようなケースのように思います。現在のパナソニックにそれが当てはまるのかどうかは、わかりません。ただ経理出身であるか、CFO出身かどうかにかかわらず、経営にかかわる以上、お金大事の経営、B/S思考、投資家的視点など、CFO的な発想が欠かせないと思います。

Clean Hands, Cool Head, Warm Heart

――若い世代で、将来は経理・財務のプロとして経営にかかわりたい、CFOとして活躍したい、と考える人も少なくないようです。あらためてCFOに必要な素養、能力をどうお考えですか。

当然ですが、まずは実力がなければならない。経理・財務の専門知識とともに、会社の現状、課題などのFACT（事実）について深く、広く知っておく必要があります。そのためには現場から正しい情報を得ることが肝心になります。会社の施策を具体的な形にするプロデュース力も求められる。IRなどで頻繁に海外に出張もするので、その点で体力も必要ですね。そしてMy Storyです。自分なりの軸を持っているかどうかが問われる、と思います。それは一朝一夕にできるものではなく、若い頃から、多くの人に出会い、自己研鑽を積み重ねる必要があります。繰り返しになりますが、私は毎日、日記をつけながら1日を振り返り、自己を見つめるようにしていました。

私には、CFOとして三つの信条がありました。

まず、Clean Handsです。

経理として、お金を扱う以上、清潔な手が必要です。一般の人にとっては言行一致というのがこの言葉に当てはまると思います。正面からは立派に見えるが、後ろに回ると尊敬しがたいことをやっている、とならないように、背筋が伸びた清廉なリーダーであろうと努めました。

二つ目は、Cool Headです。

冷静な頭脳、判断ですね。定性的ではなく、定量的にすべてを〝見える化〟して判断するように心がけました。一般の人にとっては、平常心が大切ということでしょうか。

三つ目は、Warm Heartです。

単に優しい気持ち、温かい心ではなく、相手の立場をどれだけ理解できるか、相手の声に耳を傾けているか。これは経営がグローバル化しても、万国で共通したマインドだろうと思います。

最後に、エールを送るとすれば、まず日々の仕事においては、課長であれば部長、部長であれば役員というように、常に一つ上の立場で考える習慣をつけることです。どんな地位にあっても人から学ぶ姿勢も大切です。私がＣＦＯになって、まず心掛けたのは、恥ずかしいと思わずに、教えを乞うことでした。日本ＣＦＯ協会のイベントなどで知り合った人にも、「何をしたらよいでしょう」と聞いてまわりました。

そして困難にぶつかった時に、簡単に逃げてはいけない。私自身も逃げたい、と思ったことが何度もありますが、一度、逃げると問題はますます大きくなってしまいます。
〝患難は忍耐を生み、忍耐は練達を生み、練達は希望を生む〟という聖書の言葉があります。倒されそうになっても、逃げずに正面突破することを続けていると、だんだんと強くなり、肚が座っていく自分に気がつく瞬間が必ずあります。

（聞き手は、橋本隆祐・元日本経済新聞編集委員）

おわりに

「出世のコツはなんですか？」と聞かれて、松下幸之助創業者は「二つある」と答えたという。一つは愛嬌があること、もう一つは仕事を好きになること。愛嬌とはお客様を意識した自分であれ、ということだろう。お客様の視点を忘れては、もはや仕事ではない。そして自分の仕事に惚れ込むこと、それこそ大事な心得である、と幸之助さんは言う。

私は、１９６５年に当時の松下電器産業（現パナソニックホールディングス）に入社して以来、会社を面白い所だとずっと感じて仕事をしてきた。ところが、２０００年に取締役（ＣＦＯ）になってから、会社を面白い、と思うことがなくなってしまった。

就任早々、業績見通しで判断を誤り、いきなり負い目を抱えた。自分自身が弱くなった時、会社というのは本当に怖い所である。周囲の人からの刺すような視線を痛いほどに感じた。

一方で、このような時こそ人の優しさも強く感じるもので、平凡なことがとても大切に思えた。人と対話すること、健康のありがたさ、部下の頑張る姿なども、よく見えるようになった。

私のＣＦＯ時代は、元社長・会長の中村邦夫さんの存在を抜きにしては語れない。２０００年６月に松下の第６代社長に就任、０６年に会長になり、１２年に相談役、１８年に特別顧問を経て、２０年に退任された。

２０年11月には製造業発展への貢献を称えられて旭日大綬章を受け、これからゆっくりした生活を楽しんでもらいたいと願っていた。

ところが、仲間やＯＢたちが誰も知らない間に病気になられて入院、そして２０２２年11月28日、病院でひっそり亡くなられたと聞いた。新型コロナウイルス禍もあり、入院先へのお見舞いも、葬儀への出席も、限られた人だけだったようだ。それにしても寂しいお別れだった。

中村さんとのエピソードについては、これまで様々な媒体で紹介してきた。だが、公表できなかったことも、多くある。今から述べるのも、その一つである。

２００４年12月、松下リースクレジットを当時の住友信託銀行（現 三井住友信託銀行）に売却することが決まった。なかなか売却先が見つからず、ようやく長い交渉を経て合意につなげ、トップ同士の記者会見の日も決まった。

ところが発表会見の前夜になって、中村さんから私の自宅に電話がかかった。

「明日の記者会見には出られない。理由は言えない」

中村さんからいきなり、そう伝えられた。そんなことが出来るわけがない。

「相手に何と言えばいいのですか?」

そんなやり取りが続いた後、中村さんが「妻が亡くなった」とぽつりと言った。

結局、会見は社長不在のまま、戸田副社長とCFOの私が出席して、無事に終わった。

その直後に、私も副鼻腔炎で入院、その手術が終わったあと、中村さんからこんな内容のメールが来た。

「心配していましたが、無事に手術も終わり何よりでした。私は1人になると、いまだに悲しくてダメですが、何とか気力を振りしぼり頑張ります。家にいると亡き妻との思い出ばかり込み上げて来きます。貴兄にだけ言える愚痴です。公務は元気いっぱい頑張ります」

それからの中村さんは、以前にも増して仕事に厳しくなった。まるで赤鬼の様な感じで、対面する幹部を厳しく叱りつけた。「始末書を書け!」「出入り禁止!」と言われ、皆すくみ上るほどだった。私の部屋は、幹部の駆け込み寺、慰み部屋になった。悲しみを振り払うように仕事に打ち込んでいたのだろう。本当の気持ちは誰にも分からなかった。

会社とは人と会う社(やしろ)であり、そこで誰と出会うかによって、自分自身の生き方が決まることが多い。私は常々、そう考えてきた。

浜名湖工場を訪れた高橋荒太郎氏（前列中央）と
筆者（後列の右から２番目）
（著 者 提 供）

思えば、私が入社した頃の松下には「金の器」のような傑出した人物が数多くいた。創業者の松下幸之助さんには若い頃、上司に同行して新商品の説明に行った場でお会いし、神様とも言われた経営手腕の一端に触れた。大番頭として創業者を支えた初代ＣＦＯの高橋荒太郎さんにも何度かお目にかかった。１９８０年代の初め、業績が低迷していた蓄電池事業部が黒字化した時、浜名湖工場まで来られて、社員と握手をしながら、「西のモーターと東の蓄電池の立て直しは私の悲願やった」と言って、はらはらと涙を流されたのが、強く印象に残っている。

中村さんをはじめ歴代の社長、CFOの先輩、役員の方々には叱咤も含めて多くの影響を受けた。私より上の世代だけではない。名前を挙げれば切りがないが、同世代の仲間や後輩、若手の社員からも様々な刺激や学ぶ機会をいただいた。

どこにでも転がっている、ひびや欠片だらけの「土の器」だった私は人との縁、そして運にも恵まれ、だんだん磨かれ、生かされていったように思う。

私は、2012年に『女房役の心得　松下幸之助流お金の「教科書」』（日本経済新聞出版社）を出版した。CFO時代の経験については、同書の内容を土台にしながら、新たな知見も含めて大幅に加筆した。

私事ではあるが、母の満子が2023年3月に満100歳を迎え、総理大臣や広島県知事からお祝いや記念品を頂いた。父の正幸は2017年1月に102歳で永眠した。夫婦とも100歳を迎えられるというのはそうないことだろう。

私は、父、母から何を受け継いだのだろうか。振り返ると父からは不屈の精神を、母からは素直さと感謝の気持ちを学んだように思う。では私は子や孫に何を伝えてきたか。そう考えると、いかに会社中心の生活だったか、家族への反省の思いが募る。子や孫に、そして長年連れ添った妻・五月のためにも、私の人生を記録しておきたい。そんな思いも込めて本書を書いた。

本書を出版するにあたっては、多くの方にお世話になりました。あらためて、御礼申し上げます。

＊　＊　＊

一橋大学の伊藤邦雄CFO教育研究センター長には、長年にわたって様々なご指導を賜りました。本書についての推薦文もお寄せいただきました。

日本CFO協会の谷口宏専務理事（株式会社CFO本部 代表取締役社長）には、CFOの最新事情についてご教示を受け、また本書の発行に際して格別のご尽力をいただきました。

元日本経済新聞編集委員の橋本隆祐氏には、本書の執筆、編集の際にアドバイスを受け、第5章では聞き手を務めてもらいました。

パナソニック歴史文化コミュニケーション室の中西雅子さん、パナソニックオペレーショナルエクセレンスの川崎幹子さんをはじめ、パナソニックグループの現役社員、OB・OGの皆様には、写真や資料などの提供で快くご協力いただきました。

本書の発行をご承諾いただいた株式会社税務経理協会の大坪克行社長、編集を担当していただいた鈴木利美シニアエディターに、心より感謝を申し上げます。

「それだけではなく患難を喜んでいる
何故なら患難は忍耐を生み出し
忍耐は練達を生み出し
練達は希望を生み出すことを知っているからである
そして希望は失望に終わることはない」

（ローマ人への手紙）

【参考文献・資料】

■定期刊行物

「CFO FORUM」日本CFO協会

日本経済新聞

■書籍

松下幸之助『実践経営哲学』PHP研究所、2001年

『私の生き方 考え方』PHP研究所、1986年 他 多数

高橋荒太郎『語り継ぐ松下経営』PHP研究所、1983年

『わが師としての松下幸之助』PHP研究所、1994年

樋野正二『「松下経理大学」の本』実業之日本社、1982年

平田雅彦『二人の師匠 松下幸之助と高橋荒太郎』東洋経済新報社、1998年

金児 昭編『一歩先行く会社の「経理・財務」部門と人材育成 金児昭と先進企業のCFOが語る 第1集』税務研究会出版局、2009年

川上徹也『女房役の心得――松下幸之助流お金の「教科書」』日本経済新聞出

版社、2012年
パナソニック百年史編纂委員会、ブランドコミュニケーション本部歴史文化コミュニケーション室編纂『パナソニック百年史：1918－2018』パナソニック、2019年

【著者略歴】

川上徹也（かわかみ・てつや）

元松下電器産業（現パナソニックホールディングス）副社長。

1965年松下電器入社。2000年経理担当取締役、常務、専務、副社長を経て、07年に経理大学学長（12年まで）。

現在は、パナソニック株式会社客員、（財）松下幸之助記念志財団監事、一橋大学CFO教育研究センター講師、日本証券業協会委員、日本CFO協会相談役、関西経済連合会評議員、（株）ウィズ・パートナーズ常勤監査役。

著書に、『女房役の心得――松下幸之助流お金の「教科書」』（日本経済新聞出版社、2012年）。

CFO魂の鍛え方
―現代に生かす幸之助流「経理」

令和6年5月15日　初 版 発 行

著　者　川上　徹也

発行者　大坪　克行

発行所　株式会社 税務経理協会
〒161-0033東京都新宿区下落合1丁目1番3号
http://www.zeikei.co.jp
03-6304-0505

印　刷　光栄印刷株式会社

製　本　牧製本印刷株式会社

本書についての
ご意見・ご感想はコチラ

http://www.zeikei.co.jp/contact/

ISBN 978-4-419-06999-5　C3034